L'EMPIRE

ET LA

FRANCE NOUVELLE

L'EMPIRE

ET LA

FRANCE NOUVELLE

APPEL

DU PEUPLE ET DE LA JEUNESSE

A LA

CONSCIENCE FRANÇAISE

PAR

ALBERT **RICHARD** ET GASPARD **BLANC**

BRUXELLES

COMPTOIR UNIVERSEL D'IMPRIMERIE ET DE LIBRAIRIE

Victor **DEVAUX** et Cie

Rue Saint Jean, 26.

1872

L'EMPIRE

LA FRANCE NOUVELLE

APPEL DU PEUPLE ET DE LA JEUNESSE

A LA CONSCIENCE FRANÇAISE

I.

LE NÉO-IMPÉRIALISME.

L'heure des grandes résolutions est venue !

La France ne peut rester dans l'état d'affaissement moral qui la paralyse, depuis le 4 septembre 1870.

Il faut une bonne fois avoir le courage de lui montrer les véritables enseignements, qui se dégagent des derniers événements.

Il faut lui faire entendre enfin, après tant de vaines déclamations et de stupides mensonges, le langage de la sincérité qui ne recule pas devant les menaces et qui s'incline devant l'expérience.

La calomnie et la haine ont régné assez longtemps dans

notre patrie ; le moment est venu de les affronter sans crainte et sans hésitation.

Le triomphe est d'autant plus certain que la France, lasse de ses discordes, attend inquiète et indécise , la voix amie qui lui parlera d'union et de paix.

C'est nous , enfants du Peuple , nous qui n'avons jamais eu qu'une pensée , la réalisation de la justice sociale, nous qui, emportés parfois au-delà de notre but réel par l'ardeur de nos premiers efforts, avons combattu et souffert pour elle avant et pendant le ministère Ollivier , sous le gouvernement du 4 septembre et sous le gouvernement de M. Thiers , nous qui avions formé la grande armée des prolétaires français lorsque nous croyions à la révolution , c'est nous , maintenant, qui prenons la parole , et qui venons apporter une base d'entente définitive à tous ceux qui aiment la France.

Les mauvais instincts qui corrompent et enveniment les âmes n'ont rien à voir dans notre action nouvelle : la vengeance appelle la vengeance , la haine appelle la haine , et c'est la conciliation et la concorde que nous voulons. Nous lutterons parce que c'est notre devoir , mais nous tendons la main à toutes les classes de la société française. Nous leur disons : ayez pitié de la France , ayez conscience de vos véritables inté rêts ; tous ensemble , soyez grands encore une fois pour sortir de l'abîme , et venez sur le seul terrain neutre où vous puissiez vous unir , travailler d'un commun accord à relever notre pays , un instant écrasé sous le poids de nos fureurs et de nos divisions.

Aux prises avec une rigoureuse fatalité , trompés dans nos prévisions , déçus dans nos premières espérances , nous avons compris , dès la fin de 1870 , l'inutilité de nos efforts dirigés dans le sens révolutionnaire , et tandis que d'autres , exagérant le sentiment qui s'était développé en eux , poussaient jusqu'à ses dernières limites la guerre sociale et déchaînaient les passions, nous nous arrêtions pour réfléchir et pour observer , cédant le moins possible au torrent des événements.

A Paris , à Lyon , à Marseille , des hommes qui étaient nos amis sont morts bravement pour l'idéal de justice et de solidarité qu'ils s'étaient formés. D'autres conservent encore cet idéal absolu et impraticable, nourrissant dans leur esprit des projets de revanche.

Nous , nous rentrons dans l'arène avec une foi rajeunie et approfondie dans la mission de la France. Nous savons maintenant ce que l'on peut et ce que l'on doit faire, et nous nous remettons à l'œuvre, bien résolus cette fois à lutter jusqu'au bout.

Nous sommes exilés et faibles, dira-t-on.

Exilés , nous ne le serons pas longtemps. Faibles , nous ne l'étions que lorsque notre indécision nous empêchait d'agir. Ceux qui souffrent des douleurs du peuple et de l'abaissement de la patrie , trouveront dans leurs cœurs plus d'énergie et de conviction que n'en auront jamais tous les acrobates parlementaires qui évoluent devant nous, et ils auront avec eux la plus formidable de toutes les puissances, les masses ouvrières expérimentées et désireuses de travailler désormais , sérieusement , d'une manière continue , dans la mesure du pratique et du possible, à l'amélioration de leur sort.

Mais quelle est donc l'idée nouvelle que nous apportons ? Quel est donc le caractère et le mobile de ce nouvel effort que nous tentons ?

Le génie du mal qui s'est assis sur la France dormait bien tranquille et il ne s'attendait pas à être sitôt réveillé. Les parlementaires ambitieux , les républicains repus qui essaient de représenter le peuple, les prétendus démocrates de toute espèce qui affichent à tout propos leur colère et leur égoïsme, ne s'attendaient pas à être sitôt troublés au milieu de leur triomphe.

Heureusement que nous ne sommes pas fusillés, nous , et que nous sommes là, pour planter en face d'eux le drapeau à l'ombre duquel nous combattons et pour lancer à l'Europe étonnée, malgré les calomnies, malgré les menaces, malgré les attaques de toute sorte qui nous attendent , ce cri qui sort du fond de notre conscience et qui retentira bientôt dans le cœur de tous les Français :

VIVE L'EMPEREUR

II.

POURQUOI NOUS SOMMES IMPÉRIALISTES.

Et pourquoi · *Vive l'Empereur ?*

Aurons-nous donc lu en vain les milliers d'articles et de discours sur le 2 décembre, dont les avocats et les apprentis écrivains ont inondé la France ? Avons nous déjà oublié ces pamphlets et ces satires contre l'Empire , qui eurent tant de vogue et tant d'influence ? Et l'écrasement de la liberté ? Et le Mexique ? Et Sedan ?

Mais il n'y a plus d'écolier de huitième dans les colléges de France, qui ne sache que c'est vingt ans d'empire qui ont corrompu la France et qui ont amené ses désastres !

Et nous sommes impérialistes !

Si nous étions d'anciens fonctionnaires regrettant leurs appointements , ou des richards inquiets désirant le rétablissement complet de l'ordre , cela se comprendrait. Mais non, nous sortons du camp de la révolution sociale. Nous et beaucoup de nos amis qui sont encore avec nous maintenant, nous avons été les chefs les plus influents de l'Internationale en France ; nous avons combattu les ennemis du peuple avec tant d'énergie que l'ordre social en a été ébranlé et que ceux qui possèdent ne sont pas encore bien revenus de leur frayeur.

Et c'est nous qui sommes impérialistes !

Quelque étonnante que paraisse cette déclaration, elle n'a rien cependant que de bien naturel. C'est l'enchaînement logique et fatal des événements, c'est la progression normale de nos idées, qui nous ont rendus impérialistes

Lorsque nous admettions l'idée républicaine c'était par pure condescendance envers les républicains, que nous avions la simplicité de considérer comme les continuateurs des hommes de 89 et de 92.

Pour nous, la forme politique n'avait qu'une importance secondaire et nous pensions, comme nous le pensons encore, qu'à notre époque et dans notre pays, la préoccupation suprême, de tous doit être l'accroissement de la production et de la richesse nationales, le perfectionnement et la régularisation de notre organisation sociale, avec le concours de toutes les forces du travail et du capital.

Que nous ayions parfois affiché des théories directement subversives de cet ordre social que nous aurions voulu perfectionner, cela n'a rien d'étonnant. C'était le résultat de l'opposition systématique que nous rencontrions de la part du gouvernement et de la part des classes dominantes de la société.

En s'accentuant toujours de plus en plus, la scission entre les républicains qui ne voulaient pas entendre parler de socialisme et les socialistes qui se souciaient fort peu de la république, amena entre les deux partis une lutte ouverte, qui devint acharnée après le 4 septembre.

Pour les socialistes, faire une révolution en 1870, après 89, 92, 1830 et 1848, après tant de manifestations diverses de la pensée de notre époque, dans les livres, dans les faits, dans les discours et les propos d'un si grand nombre, dans les agitations répétées des masses, au milieu des aspirations économiques de notre société, cela signifiait affranchissement moral et matériel du peuple ouvrier, établissement d'un nouvel équilibre dans les rapports entre le travail et le capital.

Ou il fallait faire une révolution qui eût cette signification, ou il fallait laisser l'Empire liquider lui-même la situation politique de la France.

Il ne fallait pas dire : Chassons d'abord les Prussiens et nous verrons après ; c'était là un subterfuge par trop évident, car c'était précisément pour chasser les Prussiens, que nous avions besoin de cette foi nouvelle qui nous manquait et que ne pouvait nous donner une révolution bâtarde, sans caractère et sans énergie.

Les socialistes en furent si convaincus, qu'ils essayèrent de replacer la France dans sa véritable voie, par le mouvement lyonnais du 28 Septembre 1870. Les Français furent aveugles et voulurent continuer de s'épuiser en vains efforts, avec une caricature de république et des squelettes de républicains, qui eurent tout juste assez de talent pour faire capituler Paris et amener les Prussiens en deçà de Tours et du Mans.

Pendant ce temps là, les socialistes étaient jetés en prison, poursuivis avec ténacité, calomniés de la manière la plus odieuse, voire même assassinés (1), le tout sans éclat et sans bruit. Cette terrible expérience, s'ajoutant à celle de juin 1848 et complétée par celle de la guerre contre la commune de Paris, est plus que suffisante pour nous donner la mesure de la valeur de la République en France. Entre les ouvriers, qui ne demandent pas mieux que de trouver un moyen de s'entendre avec la bourgeoisie et que les exigences de la société moderne forcent à s'occuper du soin de leurs intérêts, et les républicains, qui sous prétexte de liberté individuelle, les calomnient, les déportent, les emprisonnent et les fusillent, *il n'y a plus de conciliation possible*.

De bons idéalistes diront encore : faisons enfin une bonne république.

Mais d'abord, il n'est pas prouvé que la République par elle-même puisse être une aussi bonne chose que cela. Les républiques si profondément inégalitaires de l'antiquité et les républiques aristocratiques du moyen âge ne le prouvent pas le moins du monde ; la république de coupeurs de têtes de 93 et de 94 ne le prouve pas davantage. Restent la Suisse et l'Amérique ; mais chacun sait qu'il y a plus d'inégalité en Suisse et en Amérique qu'en France, et que la lutte entre le travail et le capital

____

(1) Voir page 60.

y est tout aussi intense. En Suisse, on trouve de nombreux ouvriers qui ne gagnent que des salaires dérisoires. Si en Amérique la situation est meilleure, cela ne tient qu'à l'étendue et à la richesse naturelle de ce pays, où il y a tant à faire et tant à exploiter ; ce qui d'ailleurs n'empêche pas que New-York soit une des villes du monde où il y a le plus de misérables. A quoi sert donc la République ?

Il faudrait pourtant le savoir. Si ce n'est pas à faire régner la paix et la concorde entre les citoyens, si ce n'est pas à faire cesser la misère et à procurer à tous du travail et de l'aisance, la République est inutile. Or, la République est tout à fait impuissante à apporter dans la société de telles améliorations. Il n'y a pas d'exemple dans l'histoire d'une république qui ait amené un résultat seulement approchant, tandis qu'on trouve au contraire des monarchies qui, avec de faibles moyens, ont pu réaliser une partie de cet idéal, qu'elles avaient pris pour objectif.

La véritable République, dit-on, est le règne de la loi : voilà son point de départ, son critérium et son principe générateur. Quel système politique peut donner un idéal plus clair et plus positif d'une constitution ayant pour but de régler de la manière la plus conforme à l'intérêt général et à l'ordre politique les rapports des citoyens entre eux ?

La loi, c'est l'expression de la volonté de tous, c'est la sanction sociale supérieure ; quand personne ne peut se placer au-dessus d'elle, la justice règne et le progrès ne trouve plus d'entraves dans sa marche.

C'est cette conviction, sincère ou hypocrite, qui a rendu dans toutes les républiques l'autorité de la loi si absolue et si sévère. Se produit il une révolte ? Les républicains, forts de l'appui de la loi, n'hésitent pas un instant à massacrer les ilotes comme à Sparte, à écraser les plébéiens comme à Rome, à guillotiner les dissidents comme en 93, à poursuivre une guerre qui doit amener la mort de huit cent mille hommes comme en Amérique, à fusiller sans trève ni merci, comme en juin 1848 et en mai 1871 à Paris. Les prolétaires se plaignent-ils et demandent-ils une amélioration à leur sort ? La République leur répond froidement : La société ne peut et ne doit rien faire pour vous ; ne vous plaignez pas et faites votre possible dans la mesure où la loi vous le permet pour donner satisfaction à vos besoins et à vos aspirations. Si vous n'avez ni argent, ni temps, ni instruction , ni ressources d'aucune espèce , cela ne nous regarde pas. Vous êtes citoyens, libres si vous êtes riches de vous procurer des jouissances, libres si vous êtes pauvres de choisir l'enclume et le marteau entre lesquels vous voulez être placés.

D'ailleurs, la loi est tout autre chose que la justice. La loi n'est que l'expression de la civilisation relative à laquelle une société est arrivée et le produit des milieux, des circonstances et des faits de toute sorte, qui influent sur le caractère des peuples. Il n'est pas nécessaire de chercher des citations dans Montesquieu pour le prouver.

La loi a toujours sanctionné et elle sanctionne encore de nombreuses iniquités ; entre la tyrannie de la loi et celle d'un homme il n'est pas possible de choisir : la liberté n'est pas plus dans l'une que dans l'autre.

Dans la France actuelle surtout, la République ne peut être que le triomphe d'une caste , l'exhaltation de quelques avocats et de quelques journalistes incapables et ambitieux. Le peuple, dont l'imagination hardie aimait à voir dans la République un régime tout nouveau, de grandes réformes et de grands progrès, a d'abord été tout surpris en reconnaissant à plusieurs reprises que ce gouvernement ne pouvait rien pour lui. Il commence maintenant à comprendre que c'est là un fait tout naturel et dont il faut tirer les conséquences au plus tôt.

L'Empire constitutionnel est tout aussi bien le règne de la Loi que la République, mais il en adoucit pour ainsi dire l'application, parce que la clémence et la générosité sont l'apanage d'un gouvernement fort et impartial.

Or, l'Empire est le gouvernement fort et impartial par excellence , parce qu'il n'est pas , comme la République , le produit d'une secte ou d'une caste, mais l'expression de la volonté de la nation tout entière.

L'Empereur , dans la France nouvelle, ne peut être un chef de parti, ni le protecteur de certains hommes ou de certaines classes. Il est le chef démocratique et responsable de la nation.

L'Empire est aussi plus susceptible d'introduire dans la société les améliorations réclamées à notre époque, car il a besoin de ne pas se retrancher continuellement derrière la raideur et l'inflexibilité de la loi. Ne pouvant en aucun cas représenter des intérêts spéciaux comme tous les gouvernements républicains et parlementaires qui subissent successivement les influences diverses des aristocrates qui réussissent à les diriger pendant un laps de temps plus ou moins long, il sent le besoin d'apaiser et non d'exciter les passions ; il doit sans cesse chercher par conséquent à éviter l'antagonisme des classes et les luttes des individualités. En un mot, il est le calme et l'harmonie, tandis que la République est l'anarchie et le trouble /

Les républicains prétendent que leur système politique garantit à tous les citoyens l'exercice de toutes les libertés politiques ; il n'a d'ailleurs pas autre chose à faire et c'est à la faveur de ce régime que, par leurs propres efforts, les ouvriers peuvent, à l'aide du droit de réunion, du droit d'association et de la liberté de la presse, améliorer graduellement leur situation. A ce compte-là les ouvriers américains, anglais, belges et suisses devraient être déjà bien plus heureux et bien plus avancés que les ouvriers français, et l'inégalité devrait être bien moins choquante dans ces différents pays qu'en France. Comment se fait-il donc que de l'aveu même des ouvriers de ces contrées, il n'en soit point ainsi ?

Prière à messieurs les républicains de résoudre le problème.

Sans doute, dans un pays qui par sentiment et par tradition, par la nature de son caractère ou même par nécessité de situation prend le *Chacun pour soi* pour devise ; dans un pays où rien n'est plus légitime et plus utile, que le développement raisonné de l'égoïsme et de l'exclusivisme que l'opposition des intérêts, que le droit d'user et d'abuser *de ce qui vous appartient*; dans un tel pays, la liberté individuelle illimitée est nécessairement la première garantie de l'ordre social. Le gouvernement n'ayant aucune action économique et l'individualité abandonnée à elle-même n'ayant de ressources que dans son initiative particulière, il importe de n'entraver en rien cette initiative. La prospérité générale du pays s'accroîtra de tous ces efforts individuels, mais comme le plus riche a toujours de plus puissants moyens d'action, comme d'autre part, le hasard des circonstances ne peut pas favoriser tout le monde, le système social restera toujours boîteux, sans harmonie ni dans le tout ni dans les parties, sans idée nette du véritable droit de l'homme, du citoyen et du producteur ; il n'y aura point d'ordre stable, point de fondements sociaux durables et sûrs, point de lien entre les cœurs, point de garanties contre la misère, point de frein au développement excessif de l'inégalité. Il en résultera que les distinctions de classes subsisteront toujours dans ce pays libre et que la solidarité économique n'y règnera jamais. Chacun se contentera de savoir qu'il a la liberté complète de ses mouvements ; s'il réussit, tant mieux pour lui ; s'il meurt de faim ou d'épuisement, tant pis : la société lui a donné tout ce qu'elle lui devait. Il y a des peuples dont le tempérament supporte très bien ce système et qui le perfectionnent autant qu'il peut l'être ; ce sont surtout les peuples de race germanique. L'Angleterre est sous ce rapport le modèle par excellence. Mais quelles que soient l'estime et l'admiration que nous éprouvions pour l'Angleterre, nous n'en devons pas moins convenir que sa constitution politique et ses idées économiques sont le produit d'un milieu social tout différent du nôtre. L'Angleterre a son rôle marqué dans le mouvement de la civilisation ; la France en a un autre. Celle des deux nations qui chercherait à imiter l'autre perdrait avec son caractère et son originalité sa raison d'être dans le monde.

La France est le pays de l'unité et de la solidarité, bon gré, mal gré , le gouvernement et toutes les classes de la nation y travaillent ensemble et dans le même but : leurs divisions même les poussent dans cette voie. L'histoire , les progrès , les révolutions , les idées , les grands hommes, les écrivains de la France, tout le prouve. La France repousse cette liberté indivi duelle mesquine et jalouse, qui n'est que la sanction des injustices et des inégalités sociales. La liberté qu'il faut à la France, c'est une liberté large et fière , basée sur l'accord progressif de tous les intérêts , sur le respect des droits sociaux de tous. Le peuple français est une grande famillè homogène sous tous les rapports , dont tous les membres doivent s'aider et se soutenir les uns les autres. Il a le premier conquis l'unité et la solidarité politiques, il conquerra le premier l'unité et la solidarité économiques.

La République, qui affiche son indifférence en matière économique , et qui ne connaît d'autre remède à tous les maux que l'impuissante liberté individuelle dont nous venons de parler, est précisément le gouvernement qui convient le moins à la France. Si elle était établie sérieusement en France, ce qui est de toute impossibilité, elle aurait en outre le désavantage d'exciter les passions , d'éterniser les haines et les révolutions, en légalisant pour ainsi dire les divisions intestines et les luttes économiques. En présence d'une pareille éventualité la question politique n'est plus pour nous une question secondaire.

Il faut opter : ou la République avec la liberté politique, la misère libre de se démener dans son impuissance, la hiérarchie des castes, la guerre sociale à l'état permanent ; ou un gouvernement fort et juste, représentant fidèle de la pensée et des intérêts de la France , présidant avec l'autorité qu'elle même lui confiera à son développement social , donnant à la liberté l'état de calme et d'union dont elle a besoin pour grandir , et sachant s'affirmer franchement et hardiment, quand il s'agira de faire le bien, de protéger l'ordre politique et économique et de sauvegarder les droits de tous. Ce gouvernement c'est l'Empire, l'Empire corrigé et grandi par une douloureuse expérience, l'Empire né de la révolution et du suffrage universel, l'Empire des ouvriers, des bourgeois et des paysans, que la France entière a acclamé tant de fois et vers lequel tendent maintenant encore ses pensées et ses espérances.

III.

LES REPROCHES FAITS A L'EMPIRE.

Objectera-t-on que l'Empire a été expérimenté deux fois en France, et que ces deux expériences n'ont point réussi ? Cette objection n'est point sérieuse. La France n'a jamais été plus grande, plus forte, plus unie, plus glorieuse que sous Napoléon Ier, plus riche, plus savante, plus éclairée que sous Napoléon III. Tous les deux sont tombés sous les coups de l'étranger et non point par le fait de la nation.

S'ils n'ont point trouvé à leur chute cet élan de sympathies populaires qui aurait pu les sauver, c'est que tous les deux avaient fini par se trouver engagés, sous la pression des circonstances, dans une voie contraire à celle que leur indiquaient leur origine et leur caractère historique.

Napoléon Ier parut vouloir se faire accepter dans la famille des monarques de droit divin : il épargna ceux qu'il fallait détruire et il attaqua ceux qu'il fallait respecter. Napoléon III crut devoir céder à l'opposition inepte qui l'attaquait sans cesse : il ne pouvait connaître la force et le véritable caractère du mouvement socialiste ; il crut sans doute au développement de la France par la liberté politique comme en Angleterre et en Amérique. On voulut faire un Empire individualiste et parlementaire. Bien grave et bien funeste erreur !

Mais ces faits, bien loin de nuire à notre raisonnement, ne font au contraire que le seconder, car ce n'est pas l'Empire logique avec lui-même qui est tombé, c'est l'Empire paralysé et dévoyé par des influences extérieures.

Quant aux vieilles rengaînes sur le 2 décembre et la corruption du second Empire , elles ne valent guère la peine d'être relevées. De même que le 18 brumaire était une conséquence naturelle des orgies révolutionnaires qui l'avaient précédé , le 2 décembre était la suite des massacres de juin. L'impuissance et l'incapacité des républicains auraient rendu le 2 décembre inévitable , quand même le trouble des esprits et le malaise général de la société, ne l'auraient pas rendu absolument nécessaire.

La France a t elle été plus corrompue sous le second empire qu'auparavant ; il est permis à un ignorant d'avancer cette énormité, mais il serait bien ridicule à celui qui connaît l'histoire de la civilisation française de l'affirmer sérieusement. L'énergie et la vitalité de la France ne se sont point manifestées sous le second Empire de la même manière que dans les périodes précédentes de notre histoire, mais elles n'étaient point éteintes, elles furent seulement endormies un instant , parce que les déclamations insensées des coryphées de la gauche parlementaire jetèrent le pays dans l'incertitude et dans l'anxiété. Si le désordre des esprits est allé jusqu'à la perversion du sens moral, la cause en est bien antérieure à l'avénement du second Empire, et même bien supérieure à l'influence d'un gouvernement quelconque. Après la catastrophe de 1815, la France ne pouvait que s'égarer, au milieu de l'immense labyrinthe philosophique, politique et économique où sa destinée l'enfonçait, privée de cette personnification lumineuse et domi natrice de sa pensée, qu'elle aime à trouver dans les souverains qui la gouvernent ou dans les génies qui l'inspirent.

Napoléon III a t il été imprévoyant en déclarant la guerre à la Prusse : il est bien difficile de décider sur ce point ; l'Empe reur n'avait plus alors la même autorité et la même responsabilité qu'avant ces funestes velléités de parlementarisme. Alors qu'il prenait l'opposition au sérieux et lui faisait des concessions, celle ci ne cherchait qu'à le renverser. Tout le monde en France savait que d'un moment à l'autre, telle circonstance

pouvait surgir, qui rendrait la guerre inévitable entre la France
et la Prusse, et l'opposition faisait les plus grands efforts pour
empêcher le gouvernement d'établir la nouvelle organisation
militaire. Napoléon III devenu souverain parlementaire ne
pouvait pas passer outre par un coup d'autorité : lorsque la crise
éclata il fut emporté par les événements et vaincu par la fatalité.
On lui reprocha d'avoir capitulé à Sedan, après trois jours d'une
lutte acharnée qui nous avait déjà coûté plus de cinquante
mille hommes. On l'aurait bien autrement insulté, s'il avait
livré à une boucherie inutile les quatre-vingts mille hommes
qui lui restaient.

Les républicains, après s'être précipités à la curée avec une
effrayante avidité, se sont occupés activement d'élever une
barrière entre la France et l'Empire. Ce que leurs journaux et
leurs adeptes ont ressassé d'ignominies, de lâchetés, d'injures,
à l'adresse de l'Empereur tombé , il est impossible de le dire.
Et ces honteuses calomnies ne leur parurent même pas suffi-
santes ; ils perdirent jusqu'aux moindres notions de la dignité
humaine, en dirigeant contre une femme à laquelle on n'a pas
le moindre reproche à faire, contre l'Impératrice, et même
contre le Prince Impérial, leurs impures attaques. Victor Hugo
et Rochefort ont dû être satisfaits.

Le résultat a t il répondu à leurs espérances ? Un moment
oui, mais précisément, parce que l'opinion publique a été four-
voyée et parce que l'on a exagéré au delà de toute mesure le
sentiment de mécontentement qui s'était emparé de la France,
une réaction immense se fait dès maintenant en faveur de
l'Empire.

En se voyant menacé d'un gouvernement oligarchique, sans
but et sans cohésion, d'une royauté parlementaire ou d'une
royauté de droit divin, le peuple sort comme d'un mauvais
rêve et se prend à penser que l'Empire peut se régénérer, et
que l'Empire régénéré est le seul gouvernement possible en
France.

C'est là notre profonde conviction. Napoléon III a été l'ennemi des aristocrates dédaigneux de la vieille souche, l'ennemi des coteries plus ou moins républicaines, pour lesquelles le peuple et les révolutions ne sont que des moyens d'assouvir leur ambition et de satisfaire la vanité de quelques pédants ; il a toujours été l'ami des travailleurs des villes et des campagnes. Les accidents et les malentendus qui ont changé quelquefois les idées des ouvriers à son égard, ne sont dus qu'aux erreurs de ceux qui cherchaient à le faire entrer dans la voie de l'exclusivisme et de l'égoïsme parlementaires.

Il a d'ailleurs manifesté dans bien des circonstances les intentions les plus favorables aux masses laborieuses , et s'il n'a pu les réaliser dans une large mesure, c'est précisément parce que son autorité, au lieu de reposer inébranlable dans sa force, sur le socle imposant que lui avait fait le suffrage universel , était constamment en lutte avec les passions réactionnaires des uns, avec les utopies et les chimères républicaines et parlementaires des autres. Il a ménagé ses ennemis ; et eux, après en avoir profité pour préparer leurs intrigues, ameuter leurs partisans et le renverser, ont voulu le traîner dans la boue. Les ouvriers savent ce que leur a coûté la République des avocats et apprécient maintenant à sa juste valeur le bel avenir de lois répressives , d'emprisonnements , de fusillades et de déportations qu'elle leur réserve. Aussi, un grand nombre d'entre eux ont-ils pris un parti en conséquence.

A Napoléon III, honni et conspué, il faut une réhabilitation splendide, un triomphe qui rejettera ses chétifs détracteurs dans le silence et dans l'ombre du mépris. Ce triomphe, le peuple le lui donnera, et c'est alors seulement que la conciliation sera possible entre le travail et le capital , entre les ouvriers et la bourgeoisie.

Nous savons bien qu'on ne manquera pas de dire que nous nous faisons de dangereuses illusions, et que si l'Empire, malgré son caractère si éminemment national, a commis dans le passé des fautes qui ont amené sa chute, il est bien possible qu'il en commette de nouvelles qui auront de tout aussi funestes résultats.

Ne pourrait il pas, par exemple, s'appuyer sur le peuple pour reconquérir le pouvoir et oublier ensuite et son devoir et les leçons de l'expérience ?

Nous n'en croyons rien.

L'Empire, attaqué violemment par l'aristocratie et par les monopoleurs qu'il avait protégés, abandonné par les ambitieux sans principes qui n'avaient flatté en lui que son autorité et qui maintenant rivalisent de zèle pour attirer sur eux l'attention du gouvernement de M. Thiers, l'Empire n'a plus de racines dans le camp de la vieille réaction.

Le peuple, de son côté, ne peut plus être républicain, parce qu'il a reconnu à ses dépens qu'en dépit de toutes les belles théories libérales qui se sont succédées depuis 89, la République, qui essaie d'être démocratique dans la forme, est au fond le gouvernement le plus réactionnaire qu'on puisse imaginer.

Ceux qui ont essayé de la République démocratique et sociale ont dû reconnaître, d'une part, qu'il y a incompatibilité absolue entre le socialisme et la République, et, d'autre part, que l'application de n'importe quelle théorie socialiste est une absurdité dont on s'est trop préoccupé jusqu'à présent : la Révolution est impuissante autant que la Réaction.

Le progrès a ses lois comme la nature et la société ; les rêveries plus ou moins bizarres de l'imagination, les luttes furieuses des partis, les exaltations du cœur et du cerveau, les passions et les systèmes, tout cela passe, et la civilisation n'en poursuit pas moins son évolution régulière et mesurée, malgré les efforts divergents de ceux qui veulent retarder sa marche et de ceux qui veulent l'accélérer.

Ces vérités sont maintenant si évidentes qu'il est absolument impossible de les combattre avec quelques chances de succès. L'avenir appartient donc aux défenseurs des principes que nous affirmons ; ils vont à l'Empire comme l'Empire vient à eux, naturellement, fatalement, mûs par une puissance supérieure dont l'action est irrésistible et qui s'appelle la force des choses.

L'Empire ne retomberait point dans les mêmes fautes que

par le passé , car il sait maintenant quelle est sa mission en France et il trouverait, aidé par les hommes politiques que la nouvelle France produira, des points d'appui et non des éléments de discorde, dans ces deux grandes forces trop longtemps déplacées et tournées contre la société maladroite et inquiète qui ne savait pas les utiliser : le Peuple et la Jeunesse.

Une grande crise est toujours le prélude d'une grande transformation. Qu'y a t-il de changé dans la situation de la France? Rien ! Mais chacun sent qu'il va se produire quelque chose de nouveau et de grand. Personne n'a le mot de l'énigme , mais tous les cœurs sont en proie à la fièvre de l'attente et de l'anxiété. Qu'arrivera t il?

Parlementaires et Républicains , que pouvez vous faire ? Vos idées sont vieilles et impuissantes , et , qui pis est , anti-nationales : vous êtes usés.

Monarchistes de l'ancienne école , vous êtes les débris du passé et à ce titre nous vous respectons, mais vous n'avez rien à faire au milieu de notre jeune société.

Révolutionnaires , vous êtes des utopistes et des rêveurs ; vous ne voyez que votre idéal , vous êtes les esclaves de vos sentiments et de vos passions : rien de possible et de pratique avec vous ; vous aussi, vous avez joué votre rôle et vous disparaissez de la scène politique parce que l'expérience vous a condamnés.

Le peuple cependant aura son avènement, et la Justice aussi ; la violence et la colère ont eu leur temps, elles se sont brisées contre les obstacles qu'elles voulaient renverser : que la sagesse et la modération se mettent à l'œuvre !

IV.

LA FRANCE AU POINT DE VUE POLITIQUE.

Nous avons dit ce que nous sommes , ce que nous pensons et

ce que nous voulons ; nous ne pouvons faire ici une étude approfondie des faits qui forment la base de notre argumentation , mais un simple aperçu suffira à ceux qui veulent réellement trouver la clef du problème qui nous occupe , pour prouver que rien n'est plus logique et plus nécessaire à tous les points de-vue que la réalisation de nos espérances.

Depuis bientôt un siècle que la France se débat sous l'étreinte formidable du sphinx révolutionnaire , la confusion et le combat des idées y ont atteint de telles proportions , que malgré tous les progrès accomplis , malgré l'élévation du niveau intellectuel , il est plus difficile que jamais d'y dégager du chaos dans lequel elle est plongée cette vérité philoso phique , politique et économique , que tout le monde prétend avoir trouvée. La France est devenue une grande arène , dans laquelle on lutte avec passion , avec fureur, pour le parti que l'on défend , sans jamais avoir le suprême courage de faire un retour sur soi même et d'étudier avec impartialité ses adversaires. Mais cette époque de déchirements , de transition et d'incertitude , l'une des phases les plus douloureuses de notre histoire , ne saurait désormais se prolonger indéfiniment. Elle touche évidemment à sa fin.

Les révolutions ont succédé aux révolutions ; toutes les théories politiques possibles ont été discutées et ont eu leurs prosélytes. Aujourd'hui , l'expérience est faite. Il faut la mettre à profit sans retard , parce que nous avons besoin de réunir tous nos efforts pour nous instruire , pour travailler et pour relever notre pays.

Les mêmes partis cependant restent en présence : légi timistes , orléanistes , républicains , sont encore convaincus que l'avenir appartient aux principes qu'ils représentent. Les légitimistes avouent franchement leurs intentions ; ils admirent la vieille France et espèrent la rétablir au milieu de notre monde moderne si différent de celui qu'ils rêvent. Laissons-leur cette illusion.

Les orléanistes et les républicains parlent toujours de

décentralisation , de liberté politique , d'initiative individuelle. Il importe d'examiner leurs arguments et de les mettre en face des enseignements que l'histoire de la société française nous présente.

Cette centralisation des pouvoirs en France, dont on parle avec tant de désinvolture et qu'on représente comme la cause de tous nos malheurs, n'est point le résultat d'un accident politique ou le produit d'un aveugle hasard. Lorsque, après la longue et pénible élaboration du moyen âge, la nationalité française commença à se reformer avec une énergie et une vitalité nouvelles, elle manifesta en même temps ses tendances unitaires et nous pouvons même ajouter ses tendances démocratiques.

Alors que l'Italie était partagée en républiques et en principautés aristocratiques parfaitement distinctes, que les diverses parties de l'Allemagne étaient à peine confédérées sous le sceptre chancelant d'un empereur électif sans autorité réelle, que l'Espagne partagée entre des rois que dominaient leurs hauts barons était encore bien loin de l'unité politique incomplète due à Ferdinand-le Catholique , que l'Angleterre était dans une situation analogue, la France se débarrassait des grands vassaux de la couronne et constituait une royauté forte, dont le développement coïncidait précisément avec le mouvement de l'émancipation des communes.

Le règne de Philippe le-Bel est surtout remarquable sous ce rapport : d'un côté le supplice des Templiers et d'Enguerrand de Marigny, les démêlés avec le pape et avec les archevêques de Lyon ; d'autre part, les franchises accordées aux bourgeois des villes, la première convocation des états généraux où les communes aient eu des représentants. Les longues guerres de la France et de l'Angleterre ne furent pas autre chose que la continuation de la lutte entre l'unité française et la féodalité ; et l'expulsion des Anglais fut le premier triomphe décisif de la nation et de la royauté, sur la puissance dissolvante des grands vassaux, qui, en disloquant la France et en divisant ses efforts, eût entravé son essor, détruit son caractère particulier , empêché sa mission civilisatrice dans l'Europe moderne.

Louis XI, cet implacable et sombre monarque, fut encore sous ce rapport l'instrument de la fatalité. Son ambition et sa cruauté servirent admirablement les aspirations unitaires et démocratiques de la France. Ce n'est pas une étude peu intéressante que celle de ce règne où l'on vit , comme en 93, les membres les plus hauts et les plus considérés de la noblesse et du clergé, condamnés et exécutés sans miséricorde, tandis que des Olivier le Daim, des Tristan l'Ermite et des Jacques Coictier partageaient la puissance royale. L'histoire des autres pays n'offre rien d'analogue. Aussi vit-on déjà, lors de la convocation des états généraux sous Charles VIII, le tiers état fort et respecté.

Au xvie siècle, toutes les nations européennes revêtirent , au milieu du mouvement général de renaissance, les allures particulières au caractère et au génie des races différentes qui les composaient. Les langues achevèrent de se former, les mœurs, les coutumes, les lois, les idées s'accentuèrent de diverses manières, tout en se perfectionnant.

C'était comme la préparation souterraine d'un réseau de mines et de contre mines dont le mouvement de la réforme occasionna l'explosion. C'est alors que le génie respectif des différentes races européennes se dévoila complètement.

Si la France eut dû devenir une nation aux tendances libé râtres et parlementaires, elle eut fait comme l'Angleterre et l'Allemagne du Nord. Elle eut secondé ses princes protestants contre l'autorité royale et contre le pape en leur donnant les moyens de détruire l'unité de la religion et de la monarchie. Les calvinistes jouaient alors un rôle parfaitement analogue à celui que jouent aujourd'hui les républicains et les parlementaires. Ils cherchaient à développer la liberté et l'initiative individuelles, la liberté et l'initiative provinciales, aux dépens de la solidarité nationale. Qu'en aurait-il résulté ? Des princes faibles et anti cléricaux, un peuple qui eût arrêté son développement moral et intellectuel en adoptant définitivement un nouveau système religieux et politique, une France divisée et sans influence en Europe, auraient certainement produit une société à vues étroites, dont les membres, jaloux les uns des autres, eussent perdu leur temps à se quereller sous prétexte de progrès et de liberté. Ce fut le contraire qui eut lieu.

Lorsque Charles IX ordonna le massacre de la St Barthélemy, il fut secondé, et trop bien secondé, par le peuple, qui profita de l'occasion pour se défaire des puissants et des hobereaux qu'il détestait Sous Henri III, la Ligue ne dut sa puissance et sa popularité qu'aux mêmes instincts d'unité nationale et de haine des grands.

Ce que le peuple acclamait dans le duc de Guise, c'était l'homme intelligent et énergique qui domptait les volontés, terrassait ses ennemis et tendait la main aux humbles : c'était le génie national personnifié.

Henri IV eut bien vite compris les nécessités d'une telle situation : vainqueur de ses ennemis, il embrassa le catholicisme et sut devenir le souverain absolu et aimé de la France.

Richelieu et Louis XIV continuèrent cette politique : ils furent si bien les hommes de leur époque et de leur pays, que jamais le génie national ne se révéla sous des couleurs plus séduisantes et plus éclatantes à la fois, qu'au xviie siècle Qu'ils aient poussé trop loin leur absolutisme et se soient laissés griser et endurcir le cœur au milieu des grandeurs, c'est malheureusement incontestable. Il n'est même pas certain qu'ils n'aient pas poursuivi avec trop d'acharnement la destruction des calvinistes, qui représentaient en France le génie si différent des races germaniques.

Il était difficile d'être roi après Louis XIV, difficile de faire de la belle littérature, difficile de faire de l'art, après les écrivains et les artistes du grand siècle, difficile d'être général après Turenne, Condé, Catinat, Villars : l'unité politique sous la royauté de droit divin avait donné tout ce qu'elle pouvait donner.

Au milieu du perfectionnement de la société, du développement de la pensée française et de l'apparition des nouveaux principes, la vieille royauté ne pouvait que décliner ; le peuple n'avait plus besoin d'elle. Louis XV est le type accompli de cette décrépitude royale et Louis XVI la victime de la fatalité.

La révolution de 89 a ouvert à notre société la voie des grands progrès et des grandes idées, mais elle n'a point donné de solution aux redoutables problèmes sociaux qui allaient se poser.

Le parallèle qui s'établissait naturellement dans les esprits , entre notre jeune société , qui secouait le joug de la royauté et de la féodalité, et les antiques sociétés grecque et romaine, jeta la France dans les bras de la République.

La République française fut grande et glorieuse, parce qu'elle représentait la France nouvelle, mais elle succomba à la recherche du nouvel ordre social et de la nouvelle constitution politique que réclamaient le peuple et la bourgeoisie. Les parlementaires et les fédéralistes d'alors, qui étaient les Girondins, furent d'abord vaincus par les Montagnards, qui étaient plus unitaires et plus centralisateurs que les monarques les plus absolus, mais comme l'esprit d'individualisme est de l'essence même de la République, les parlementaires reprirent le dessus. Leur tentative anti nationale ne pouvait qu'avorter : c'est ce qui arriva.

L'Empire qui succéda à la République fut le produit nécessaire et normal des circonstances et le symbole glorieux de la nouvelle société française. Avec la France napoléonnienne, le Droit nouveau était consacré et la puissance morale et matérielle du pays s'élevait à des hauteurs inconnues jusqu'alors.

Au point de vue social, l'Empire fit un pas immense ; en sanctionnant les nouveaux titres de propriété des paysans , affranchis de toute tutelle seigneuriale , en créant un nouveau code, en s'appuyant sur les classes populaires , dont il personnifiait l'avénement avec tant de force et d'éclat, il ouvrait toutes grandes à la nation qui l'aimait et l'admirait les portes de l'avenir.

Malheureusement, l'Empire avait trop d'ennemis à combattre pour pouvoir s'occuper d'une manière continue de cette grave question politique et économique, dont il avançait la solution. D'ailleurs il ne pouvait pas encore avoir en main tous les éléments de la nouvelle science sociale. Ce n'est que plus tard et progressivement qu'ils devaient se produire.

L'Empire tombé, la France inquiète et oppressée continua de s'agiter plus que jamais : les Bourbons, la monarchie parlementaire, la république plus ou moins libérale, essayèrent tour à tour de fixer ses idées. Le second Empire seul faillit réussir. Mais il lui eut fallu une bien étonnante perspicacité, pour qu'il eût pu posséder sitôt la clef de l'énigme.

Les aspirations nationales, en partie dévoyées par la propagande républicaine, ébranlèrent les convictions des partisans de l'autorité et de la centralisation On se demanda sérieusement si la France ne devait pas prendre une bonne fois, pour point de départ de son développement social, la liberté politique absolue. On trouve dans l'histoire tant d'abus de l'autocratie et il est si naturel de chercher à garantir contre elle les droits individuels, que le mouvement républicain sous le second Empire a pu faire illusion et paraître logique aux yeux de bien des gens. Dès 1865, les ouvriers intelligents recommencèrent cependant à s'en méfier et la suite ne leur donna que trop raison. S'ils firent depuis quelque opposition à l'Empire, c'est qu'ils pensaient que, de même que le pouvoir fort et unitaire qui plane sur la nation n'est légitime qu'autant qu'il est consacré par le suffrage universel, ce n'est qu'autant qu'il répond aux besoins du pays et qu'il sait diriger ses progrès dans le sens du caractère natio nal, qu'il a sa raison d'être aux yeux de tous.

Aujourd'hui, la centralisation et l'unité en France doivent avoir *une autre utilité et une autre signification* que celles qu'elles avaient, au xviie siècle, sous la première République et sous le premier Empire. C'est ce que ne pouvaient sentir, ni les ministres du second Empire, ni ceux qui leur faisaient de l'op position. Après le 4 septembre par exemple, on vit les énergumènes de la défense nationale parler d'unité de la manière la plus déplacée et la plus inopportune.

Personne en France ne peut plus songer à porter atteinte à l'unité politique du pays ; elle est faite de manière à défier tous les dissolvants , mais on peut en dénaturer le sens, l'inutiliser ou même la faire servir à des projets blâmables : c'est ce qu'il faut éviter.

Faire de l'autorité pour consolider la République, c'est un contre sens et une absurdité dont la force des choses a toujours fait justice dans notre pays. Faire de l'autorité parce que l'histoire nous apprend qu'elle convient à la France, ce n'est point suffisant ; en faire dans le simple but de protéger un gouvernement, c'est encore plus vicieux. Il faut posséder la pensée de son époque, il faut savoir ce que veut le pays, et, puisant dans cette double certitude une conviction et une force morale inébranlables, aller résolument de l'avant, sans reculer devant les obstacles, sans faiblir devant les ennemis. La France applaudira toujours un tel gouvernement. L'expérience aurait certainement conduit le second Empire à réaliser cet idéal, mais les malheurs qui l'ont frappé et les terribles événements qui ont ensanglanté notre patrie , en jetant une lumière nouvelle sur le rôle de la France contemporaine, rendent le gouvernement impérial plus capable que jamais de diriger les destinées de notre patrie.

Sera-t-il encore possible aux hommes d'opposition de dire qu'en France, comme ailleurs, tout progrès procède d'abord de la liberté et de l'initiative individuelles ? Cette attitude de leur part deviendrait bien ridicule, lorsque chacun pourrait constater, que sous la protection d'un gouvernement fort, qui ne serait en somme que l'expression juste du sentiment national, et qui s'occuperait sans relâche d'harmoniser les intérêts des différentes classes de citoyens, les individus jouiraient d'une liberté réelle plus grande que celle dont on jouit en Angleterre et en Amérique.

L'État ne se renfermerait plus alors exclusivement dans son rôle administratif, diplomatique et militaire , donnant des ordres, publiant des lois et des décrets, percevant des impôts , sans s'inquiéter du mouvement de la production nationale , c'est-à-dire de l'intérêt supérieur par excellence. Il deviendrait un état économique, prenant souci avant tout de ce qui se passe dans les régions productives de l'industrie, du commerce et de l'agriculture, où le règne de la prospérité prépare les bases les plus solides sur lesquelles on puisse asseoir l'ordre et la liberté. Il est vrai que selon la théorie républicaine, un tel gouvernement sortirait de son rôle et que, toujours selon les mêmes idées, il ne pourrait précisément à cause de cela rien produire de fécond. Mais il faudrait, pour donner de la force à ce raisonnement, pouvoir prouver qu'en France, l'État et la Nation ont un caractère distinct et un but différent ; que la France n'a, comme l'Amérique, l'Allemagne ou l'Angleterre, un pouvoir central que pour lui servir de point de ralliement, qu'elle aime à se passer de l'action et de l'autorité de ce pouvoir central ; que l'insolidarité sociale résultant du régime de la prétendue liberté individuelle, n'est pas une cause permanente de misère, de haines et de révolutions. Nous avons montré que c'est le contraire qui est vrai.

Cependant la France aussi veut la liberté ; elle ne l'a jamais eue et ne l'aura jamais avec une République, mais elle l'aura complète et comme il la lui faut avec l'Empereur, parce que c'est alors seulement qu'elle la fera procéder du principe si éminemment national, de la solidarité politique et économique des citoyens et des producteurs, qui en sera la base et la garantie matérielle.

Abstraction faite de toutes considérations métaphysiques, les ouvriers et les paysans français se soucient fort peu de la liberté politique, telle que l'entendent nos républicains et nos parlementaires ; écrire dans les journaux, faire du tapage dans les réunions, c'est une occupation qui peut leur plaire un moment, mais au fond ce qu'ils demandent, c'est *de travailler, de vivre, de faire vivre leurs familles, de s'instruire et d'améliorer leur sort, convaincus qu'ils sont que hors de là il n'y a point de liberté possible,* et que toute constitution qui prétend garantir l'exercice des libertés politiques, à des malheureux qui gémissent dans la misère et que la faim met à la merci du premier venu, n'est pas autre chose que l'inceste hideux d'une hypocrisie avec une injustice.

Une dernière objection se présente. Ne serait il pas à craindre qu'un pouvoir fort ne fût, précisément à cause de cela, poussé à commettre des abus, et dans tous les cas fort susceptible, vu l'insuffisance du contrôle, de commettre des fautes ? Quelque légitime qu'elle soit, cette crainte perd de plus en plus dans nos sociétés européennes modernes sa raison d'être. Ceux qui parlent encore de despotisme et de caprices de souverains, ne font preuve que d'une parfaite ignorance.

Aujourd'hui, l'action politique de tous les gouvernements est soumise à des raisons économiques supérieures ; par exemple, les rivalités industrielles et commerciales sont presque toujours la principale cause des guerres : l'amour de la gloire et des conquêtes, le patriotisme même n'y jouent plus qu'un rôle secondaire. La guerre d'Amérique, la guerre d'Orient et même la guerre franco-allemande en sont autant de preuves. Un gouvernement peut diriger de telles sociétés par des moyens plus ou moins parlementaires, ou plus ou moins autoritaires, selon le génie de la nation, mais il ne peut en aucun cas lui imprimer une impulsion différente de celle qui lui est propre. S'il abuse de son pouvoir, il est le premier à supporter les conséquences des perturbations qu'il a causées. Ce n'est plus impunément qu'on mécontente un peuple on qu'on choque des intérêts. Dans un pays de suffrage universel surtout, et en France plus que partout ailleurs, quelles que soient du reste les lois sur la presse et sur les réunions, la nation tout entière contrôle constamment les actes du souverain, et il n'a pas besoin d'y mettre beaucoup de bonne volonté, pour savoir ce qu'on veut et ce qu'on pense.

D'autre part, il est certain que la presse et les réunions sont de précieux moyens d'éclairer le gouvernement et le pays ; le pouvoir fort dont nous parlons ne doit point les rejeter, mais il faut d'abord, pour qu'elles puissent rendre des services et non devenir nuisibles, mettre à l'abri de toute atteinte la lettre et le principe de la Constitution. Tolérer , sous prétexte de respecter la liberté, des journaux ; des réunions et des associations qui ont pour but évident de renverser le gouvernement , ou qui peuvent troubler l'ordre social , c'est la plus grande faute qu'on puisse commettre dans un pays comme la France.

En France , il faut de l'ordre , de l'ensemble , de l'unité avant tout ; c'est alors que les critiques , les observations , la discussion deviennent fructueuses. Le corps législatif , les conseils départementaux et communaux y auront toujours d'ailleurs, tout autant d'occupation que dans les pays parlementaires. Quant à la nature des institutions économiques qui devraient corroborer l'action du gouvernement , ce grave sujet nécessite une étude toute spéciale et surtout du sang froid et de la bonne volonté de la part de tous.

V.

OUVRIERS ET BOURGEOIS.

La solidarité économique entre tous les producteurs, capitalistes et travailleurs , autant que la solidarité politique entre tous les citoyens , voilà le principe que nous avons montré comme devant être celui qui présidera au mouvement de la nouvelle société française , c'est là selon nous la forme sous laquelle se révèle dès maintenant le génie national. C'est à réaliser progressivement et pacifiquement cette grande idée , que doit servir désormais notre puissante unité et notre harmonieuse centralisation.

Mais , en parlant de la nécessité d'entrer dans cette voie , nous avons aussi parlé de la nécessité de protéger et de sauvegarder, avec une énergie inconnue jusqu'alors, l'ordre général au point de vue politique autant qu'au point de vue économique.

Il faut en finir avec les révolutions , mais il faut aussi en finir avec les injustices. Et pour cela , il importe de tenir aux ouvriers et aux bourgeois un langage tout nouveau. Nous pouvons rendre à la société un immense service , en traçant aux uns et aux autres une nouvelle ligne de conduite , et comme la situation qui nous a été faite par les événements nous rend seuls capables de le faire , c'est un devoir que nous remplissons en livrant à la publicité le résultat de nos études et de notre expérience.

Jusqu'à présent les capitalistes n'ont considéré les ouvriers et les théoriciens socialistes , que comme des perturbateurs de l'ordre social, des contempteurs de tous les droits acquis et reconnus. De leur côté , les socialistes n'ont vu dans les différentes catégories de capitalistes que des exploiteurs sans conscience et sans pitié.

Partant de là , l'action socialiste ne pouvait avoir qu'un but, le renversement et la transformation par la violence de l'ordre social ; les capitalistes, de leur côté, devaient naturellement s'efforcer d'anéantir le mouvement socialiste dans toutes ses manifestations. Et il n'était pas moins naturel que les efforts des uns et des autres obtinssent des résultats diamétralement opposés à ceux qu'ils avaient en vue.

La vérité est que le socialisme , en tant que manifestation des aspirations d'une classe importante de la société , est un mouvement légitime très-puissant, produit fatal de notre époque et de notre civilisation, et avec lequel il faut compter ; le socialisme, produit de la surexcitation des passions et de la propagande des théories utopiques, est au contraire un mal dangereux qu'il faut guérir.

Cette double tâche n'est certes pas facile , et elle exigera de la part des hommes qui essaieront de l'accomplir , une activité et un courage presque surhumains. Ils réussiront cependant, car, nous le répétons, le moment est venu. Ils réussiront, et c'est leur triomphe qui ouvrira l'ère de régénération que la France attend.

La France républicaine ou parlementaire ne signifie rien dans le monde, c'est une grande Suisse ou une petite Amérique, ou, qui pis est, une succursale de l'Angleterre. C'est une nation qui a renié sa tradition, qui a perdu le sens de sa mission historique ; ce n'est plus le pays des idées, c'est une société d'ergoteurs, inspirée par les subtilités des avocats. Cette France-là serait bien finie, et les théories allemandes sur la décadence des races latines seraient pleinement justifiées. Mais, ce que les Allemands n'ont pas prévu et ce qu'ils ne pouvaient prévoir, c'est qu'à la suite de la crise horrible qu'elle vient de traverser, la France produirait de nouveaux hommes et de nouvelles idées, dont la puissance et la fécondité seront proportionnées à la grandeur de nos désastres.

La chute de la France, dans le dernier tiers du XIXᵉ siècle, au milieu de ce travail gigantesque et multiple de tout le monde économique qui a commencé en France, qui s'y est développé et qui ne peut trouver que là la pensée profonde qui pourra le conduire et l'utiliser, c'est un rêve qui n'a pu naître que dans l'imagination étroite de gens dont on discipline les idées comme les régiments.

A chaque instant, la vanité humaine croit ainsi trouver des systèmes philosophiques et politiques absolus dont il n'y a plus qu'à tirer les conclusions, mais presque toujours la logique des faits vient souffleter ces châteaux de carton, qui s'écroulent au grand étonnement de ceux qui les ont élevés. C'est ainsi que la France nouvelle éblouira ses détracteurs.

Après une suite de leçons aussi terribles que celles que nous venons de subir, après une expérience aussi complète et aussi douloureuse que celle que nous venons de faire, ouvriers et bourgeois comprendront la nécessité de réunir leurs efforts pour faire cesser l'antagonisme entre le travail et le capital.

Les bourgeois, qui n'ont pas oublié leur origine démocratique et qui savent que c'est la révolution de 89 qui les a complètement émancipés, comprendront que pour éviter les troubles, effacer les haines, prévenir les révolutions et faire régner la justice, sans laquelle il n'y a pas d'ordre possible, il faut reconnaître aux ouvriers un droit plus large dans la répartition du revenu social. Il y a des faits qui sautent aux yeux et qu'ils ne voudront pas nier. Dans le mouvement d'augmentation de la richesse publique, le capital trouve une source de bénéfices dont le travail est frustré. Le capital se reproduit et fructifie de toutes les manières ; la propriété foncière, les grandes entreprises industrielles, commerciales et financières, la faculté d'émettre des valeurs fiduciaires, un immense crédit ; ce sont là autant de moyens qu'il emploie pour accroître sa puissance.

Au point de vue général, il en résulte cette disproportion énorme qui existe dans notre société entre ces deux termes, crédit et débit, et que Proudhon appelait une différence anormale entre le produit brut et le produit net, qui devraient être égaux, puisque les produits s'échangent avec des produits.

Cette différence s'accroît toujours et il n'y a pas de raison pour qu'elle diminue, puisque les causes qui la produisent augmentent continuellement d'intensité. Le rôle du travail au milieu de ce mouvement ne peut être que de produire, produire, toujours produire pour suffire-aux exigences grandissantes du capital et équilibrer au moins une partie de son budget annuel. C'est pourquoi la part qui revient au travail reste souvent insuffisante et ne satisfait point à ses besoins Cette situation se complique encore des crises particulières de chaque industrie, qui proviennent souvent du manque de débouchés et de l'insuffisance de la consommation d'une grande masse dénuée de ressources.

Si l'on tient compte en outre des difficultés naturelles de l'existence, auxquelles les travailleurs sont plus exposés, si l'on étudie les misères particulières dans leurs causes et dans leurs effets, on reconnaîtra qu'il faut sans retard apporter un remède au mal.

De leur côté, les ouvriers doivent s'habituer à considérer les choses de plus haut ; les observations superficielles et les jugements hâtifs mènent toujours à de fausses conclusions ; jusqu'ici les ouvriers, frappés par le côté le plus apparent et le plus grossier des faits économiques, égarés par les rêveries de quelques exaltés, ont précisément donné dans ce travers. Ils se sont considérés comme des victimes, comme des déshérités, et de là à la Révolution il n'y a qu'un pas. Les ouvriers ne sont point des déshérités, ce sont les derniers venus du monde économique ; chaque jour ils font un pas en avant et se rapprochent d'une manière plus sensible de leurs aînés. De la patience, du courage, de la bonne volonté, et ce mouvement s'accentuera encore davantage, tandis qu'en procédant par la violence on n'obtiendra que des ruines, des haines, des vengeances et le triomphe de la réaction.

Les ouvriers français s'étaient déjà rangés en masse à cette manière de voir dès 1863 lorsque commença le grand mouvement de la coopération ; de nombreuses sociétés ouvrières se formèrent dans toutes les grandes villes de France, le gouvernement les favorisa et même en aida quelques-unes au moyen de prêts. Ce mouvement s'étendait et paraissait avoir un grand avenir.

Avec lui les idées d'apaisement et de conciliation gagnaient du terrain, mais il y avait deux raisons capitales pour que la coopération ne donnât pas les grands résultats qu'on en attendait.

La coopération des forces ouvrières seules, indépendamment de l'action de l'Etat et de l'action du capital, n'était qu'une nouvelle forme de l'antagonisme entre les ouvriers et les bourgeois, un procédé individualiste, un moyen anglais, si nous pouvons nous exprimer ainsi. Elle devait échouer parce qu'elle ne pouvait lutter contre la centralisation industrielle et financière et parce qu'elle ne pouvait réaliser au bénéfice des ouvriers des ressources antres que celles qu'ils possédaient déjà. Sous ce rapport, c'était une illusion, rien de plus, et ce fait ne poùvait tarder à être constaté.

D'autre part, en admettant que la coopération aurait pu se perfectionner en faisant intervenir de nouvelles forces économiques dans son œuvre et en éclairant graduellement les capitalistes et les travailleurs sur les choses de l'ordre économique, il se manifesta un mouvement politique qui coupa court à ces tendances favorables. Nous voulons parler de la propagande républicaine qui recommença alors avec une nouvelle intensité sous la direction des députés de la gauche, MM. Jules Favre, Jules Simon, Ernest Picard, etc. Ces messieurs, qui prétendent ne pas être révolutionnaires, ont été les manvais génies de la France et les précurseurs de toutes nos calamités. Du moment où leurs adeptes s'en allèrent criant partout qu'il fallait résoudre d'abord la question politique, attendu qu'on ne pouvait rien faire avec l'Empire, il n'y eut plus rien de possible. Le mouvement coopératif s'arrêta et périclita.

Quant à ceux qui voulurent aller plus loin et qui restèrent socialistes quand même, ils furent littéralement ensevelis dans une ornière de calomnies dont il est impossible de se faire une idée.

Ce qu'il y a de plus fort, c'est que le gouvernement impérial lui-même subit l'influence de ceux qui sapaient ses fondements. Bientôt ce fut un déchaînement général de toute la société contre le socialisme et contre l'Internationale. Nous pouvons affirmer cependant et nous le prouverons un jour par des faits nombreux *que le socialisme sous l'Empire commença avec des allures sages et modéréés qui devaient lui concilier tous les suffrages.* Ce sont les calomnies et les persécutions dirigées contre lui par les libéraux et les radicaux, ensuite par la presse et par la bourgeoisie tout entière, enfin par le gouvernement, qui l'ont jeté dans les bras de la Révolution et qui ont préparé les malheurs de 1871.

Un exemple entr'autres : Les intrigues des républicains ayant réussi à détruire les sections lyonnaises de l'Internationale sur la fin de 1866, nous et quelques amis qui n'étaient point les esclaves des comités de M. Jules Favre et de ses collègues, nous songeâmes à relever l'association dès le commencement de l'année suivante. Un manifeste très explicite et qui fut très-remarqué fut publié à cet effet le 28 février 1867 dans un journal de Lyon et reproduit ensuite par plusieurs autres journaux français et étrangers. Qu'on relise ce manifeste qui fut approuvé dans toute l'Internationale ! Que M. Thiers et ses apologistes y cherchent ces excitations dangereuses et ces théories malsaines qu'ils nous reprochent sans cesse !

Allons, messieurs de la commission sur les causes de l'insurrection de 1871, puisque vous voulez des renseignements, remontez donc à la source. De grâce, ne craignez pas de vous instruire et si vous osez être francs, dites toute la vérité.

Que les ouvriers et les socialistes aient eu des torts, on a déjà vu que nous ne sommes point de ceux qui cherchent à le nier, mais à chacun sa part de responsabilité.

D'ailleurs les ouvriers sont allés à une rude école et les faits ont parlé avec tant de force, qu'il n'est plus possible aux socialistes de se perdre dans le royaume des chimères.

C'est maintenant, le jugement éclairé par l'expérience, dont la voix dominatrice nous dit que l'ordre social actuel, quelque vicieux qu'il soit encore, est bien supérieur sous tous les rapports à tous ceux qui l'ont précédé et qu'il tend à se perfectionner de plus en plus, en dépit des jérémiades des prophètes de catastrophes. Cet ordre social, résultat du travail lent et continu de cent générations qui ont toutes, les unes après les autres, apporté leur pierre à l'édifice, a son histoire et sa raison d'être qui le justifient et nous prouvent que s'il est perfectible, il n'est pas susceptible d'être transformé en un instant, comme un bloc de fonte que l'on jette dans un moule. L'humanité ignorante et sans ressources à l'origine a déjà triomphé de bien des difficultés ; la période que nous traversons en présente de nouvelles dont nous triompherons également.

Les ouvriers ne supposeront plus chez les capitalistes une mauvaise foi incorrigible et des intentions complètement hostiles, quand ils se rendront mieux compte des lois morales et physiques qui règlent le développement économique des sociétés.

Si la société s'était formée avec des hommes éclairés et expérimentés dès le début, égaux en intelligence et en ressources, c'est-à-dire animés des mêmes sentiments et doués de facultés productives équivalentes, il n'y eut jamais eu de problème social à résoudre. L'homme n'aurait rien eu à créer, et celui qui se fut par hasard avisé de faire servir les autres à la satisfaction de ses intérêts personnels, n'eût été qu'un criminel.

Mais ce n'est pas seulement l'ignorance qui a condamné notre espèce à expérimenter successivement tant de systèmes philosophiques, politiques et sociaux, c'est aussi l'inégalité naturelle profonde et invétérée qui a toujours existé, et qui existe encore, entre les races et entre les individus Les plus intelligents et les plus forts n'eurent pas seulement de plus puissants moyens de développement, ils eurent aussi une plus grande tâche et de plus grands devoirs. C'est pourquoi, de même que leur action civilisatrice eut de plus grands résultats, leurs fautes eurent de plus funestes conséquences.

Fautes et progrès servirent au mouvement social ; l'humanité parut souvent reculer en arrière, lorsqu'elle ne faisait que se recueillir, pour recommencer sa marche en avant avec des éléments plus nombreux et plus féconds.

C'est ainsi qu'après les sociétés si admirées de l'antiquité, où l'esclavage le plus brutal et le plus hideux dégradait une immense portion de l'espèce humaine, où une classe de citoyens libres, les plébéiens, étaient constamment en lutte avec les possesseurs des richesses, vinrent les sociétés du moyen âge, avec leurs serfs exploités à merci par les seigneurs.

Le servage aboli se perpétua dans une certaine mesure au moyen de la main morte, de la taille, de la corvée et autres institutions tyranniques dont 89 a fait bonne justice.

Une fois maître de la position, le capital, fils du travail énergique et persévérant de ces classes intelligentes auxquelles on dut l'affranchissement graduel des communes et la destruction des priviléges de la noblesse et du clergé, le capital, tout en enrichissant et en perfectionnant la société entière, se vit amené par la force des choses et d'une manière inconsciente à entraver le mouvement des classes ouvrières, et par suite à nier leurs plus légitimes aspirations.

Aujourd'hui cependant, les bourgeois plus ou moins riches,

les paysans propriétaires, beaucoup de commerçants et d'artisans, peuvent être appelés des hommes libres et égaux, dans la mesure du juste et du possible, au point de vue économique autant qu'au point de vue politique. Il reste à procurer les mêmes avantages aux corporations ouvrières des villes.

Placée sur ce terrain, la question sociale perd ces effrayantes et dangereuses perspectives qui en ont jusqu'ici reculé la solution L'aigreur disparaît, l'étude et le bon sens reviennent, ouvriers et bourgeois se font des concessions et travaillent en commun, et ce n'est déjà pas un mince résultat d'obtenu.

VI.

LE SOCIALISME.

Quant à déterminer d'une manière précise le but que les ouvriers doivent se proposer d'atteindre, ce n'est guère possible. Il est certain que l'économie politique a eu tort d'ériger en principes absolus et définitifs, des faits qu'elle devait simplement classer ; elle a voulu créer une philosophie à elle, basée sur une statistique qui n'a rien d'immuable et il lui est arrivé de donner le fameux *laissez faire*, *laissez passer*, comme la règle supérieure des rapports économiques. Ce n'était plus de la science, c'était de la métaphysique de parti, et de la plus dangereuse pour la paix publique.

Mais d'autre part il faut reconnaître que les ouvriers, en s'éloignant de la saine pratique sociale pour suivre les idées des théoriciens, se sont attachés tour à tour aux projets les plus insensés et les plus chimériques. Nous en parlons par expérience et en toute humilité, nous qui avons professé quelques-unes de ces théories.

Toutefois, il ne faut pas s'étonner que ces sentiments exagérés aient été les premiers à se manifester. Il n'y a rien là que de très-naturel. Celui qui souffre n'a ni le temps ni les moyens de raisonner , et le philosophe qui étudie une science encore non approfondie n'est frappé que de ses caractères généraux. Le cœur, qui sent plus vivement et plus immédiatement, parle toujours avant le jugement, ce n'est qu'après que l'inexorable mathématique vient fouiller dans l'ensemble des faits, comme le scalpel d'un anatomiste dans un cadavre, et rétablir la vérité stricte dans toute sa crudité.

Les écoles socialistes qui se sont produites, depuis St Simon et depuis Fourier jusqu'à l'Internationale , sont nombreuses et fort différentes. Mais il y en a deux qui en s'affirmant avec plus de netteté , en faisant plus de prosélytes , en excitant plus de craintes , ont joué un rôle plus considérable dans l'histoire de ces dernières années. Ce sont le *Communisme* et le *Mutuellisme*.

Le communisme est la plus simple et la plus facile à concevoir de toutes les utopies sociales. Son origine est aussi ancienne que celle de la constitution politique et économique des sociétés, parce qu'il est la conséquence naturelle de l'absolutisme et de l'exagération de la propriété individuelle , comme le matérialisme est la conséquence de l'absolutisme et de l'exagération du spiritualisme par tous les systèmes théocratiques. Le communisme n'est point une erreur de la science, ni un écart de l'imagination, c'est un produit de l'instinct inexpérimenté du peuple. Les doctrinaires de toutes les époques , qui l'ont plus ou moins passé au crible de leurs raisonnements particuliers , n'ont jamais pu altérer les caractères essentiels auxquels on le reconnaît à première vue. Dans notre siècle , il a été l'objet d'études très sérieuses , parce qu'on a vu dans ce système le mobile d'un puissant mouvement révolutionnaire dont la France a dû supporter l'explosion. C'était cependant tromper d'une étrange manière l'opinion publique, que d'affirmer que tous les ouvriers socialistes français, membres de l'Internationale, étaient communistes. Il y en avait beaucoup, à Paris surtout, qui l'étaient franchement, c'est vrai ; mais un certain nombre étaient mutuellistes et les autres qui formaient la majorité, s'étaient fait une doctrine mixte, mal définie encore et qui admettait, en leur

donnant un rôle différent et corélatif, la propriété individuelle
et la propriété collective : le produit du travail journalier et la
fortune mobilière étaient considérés comme l'attribut de l'individualité et la récompense de ses efforts ; la propriété foncière
et immobilière était regardée au contraire comme le produit du
travail de la nature et de toutes les collectivités sociales passées
et présentes, ce qui rendait cette propriété inaliénable et intrans
missible individuellement, sans entraver en rien la liberté des
producteurs et des consommateurs, dans l'échange des produits.
Nous avons été des défenseurs de cette dernière idée, et cette
attitude de notre part n'a pas peu contribué à nous faciliter
l'accès du domaine des idées justes et pratiques.

Les mutuellistes, héritiers et continuateurs des théories
proudhonniennes, rêvaient un système social diamétralement
opposé à celui des communistes. Pour eux il s'agissait de décentraliser la propriété individuelle et de la rendre accessible à tous.
Le crédit était leur grand moyen d'action. Bien loin de rien
voir de collectif dans la richesse sociale, ils pensaient que cha
que producteur devait et pouvait être propriétaire d'une portion
de cette richesse, qu'il pourrait transmettre par héritage. La
fédération de toutes ces individualités indépendantes, se donnant des garanties mutuelles et échangeant leurs produits au
prix de revient, était l'idéal des mutuellistes. Comme les communistes, ils supprimaient la loi de l'offre et de la demande,
mais, tandis que ceux-ci la remplaçaient par l'abolition totale
de l'héritage, comportant une règlementation autoritaire de la
répartition des produits, les proudhonniens la remplaçaient par
une mesure absolue de la valeur qui était, selon eux, l'heure de
travail.

En dépit de ces divergences, les communistes ont fini par
dominer, non pas les ouvriers français, mais l'Internationale,
et c'est sans doute ce qui a fait croire que la Commune de Paris
n'était formée que de ces doctrinaires, ce qui était complètement faux. La Commune de Paris ne représentait qu'une chose,
l'avénement du peuple par la voie révolutionnaire. Ceux qui la

proclamèrent n'eurent que deux torts bien pardonnables à leur inexpérience ; ils se trompèrent d'heure et de moment, et ils crurent avoir trouvé de puissants moyens d'action, quand ils n'avaient fait que détourner de sa voie normale le courant des aspirations populaires. Quelques-uns d'entre eux ont pu être considérés avec assez de raison comme des esprits déréglés, des cœurs remplis de fiel et gonflés de vanité. Ceux-là n'excitent pas de sympathie, mais d'autres, et c'était le plus grand nombre, prirent leur rôle au sérieux et luttèrent avec une rare vaillance. Beaucoup de ces derniers sont tombés dans l'arène dangereuse qu'ils avaient choisie.

Qu'on n'attende pas de nous des appréciations équivoques, qui pourraient être considérées comme une manière indirecte d'associer nos voix à celles qui se sont élevées pour les flétrir.

Comme les soldats de l'ordre que Versailles envoyait pour les combattre, ils ont cru faire leur devoir.

Tous étaient les enfants d'une même patrie et les précurseurs d'une même pensée. La France les pleure et la postérité les admirera. Paix à leur mémoire. A nous qui venons après eux dans le sillon, à nous qui profitons de l'expérience qu'ils ont achetée au prix de leur sang, de jeter sur la plaie béante qu'ils ont laissée, le baume réparateur de la réconciliation.

Le temps des théoriciens et des révolutionnaires est passé ; les Français soupirent après le travail et la paix et ils acclameront le gouvernement qui leur permettra de se donner la main.

Le communisme est relégué en Allemagne et en Angleterre, en Allemagne surtout C'est là d'ailleurs qu'il s'élaborait sérieusement, depuis longtemps, pour se répandre ensuite dans toute l'Internationale, et cette progression inquiétante de l'influence allemande dans l'association n'a pas peu contribué à en arrêter le développement, ou plutôt, à lui donner un nouveau cours, dans les sections du centre et du midi de la France, qui n'ont jamais reçu de mot d'ordre d'aucun allemand.

Après la restauration de l'empire, nous en aurons bientôt fini, non seulement avec les théories socialistes, mais avec le commencement de réalisation qu'elles révèlent par l'organisation révolutionnaire des masses. La société française , gouvernée et administrée comme elle doit l'être, n'a rien à craindre des travailleurs. Ce n'est pas seulement la loi, ce n'est pas seulement la conviction que la société s'occupe d'eux d'une manière constante, ce n'est pas seulement l'amélioration de leur position, qui les empêcheront de troubler l'ordre , c'est le sentiment intime dont ils sont tous animés et qui est un des grands côtés du caractère national. Les Français plus que tous les autres peuples ont des besoins moraux qu'ils cherchent à satisfaire par tous les moyens en leur pouvoir. La France est le pays des idées , comme l'Angleterre est le pays des intérêts matériels et l'Allemagne le pays des sciences exactes.

La France s'affaisse et diminue, toutes les fois que le courant de son mouvement intellectuel et moral est endigué ou ralenti par des influences antipathiques au caractère national. Elle s'énerve et s'épuise en révolutions terribles, lorsqu'on l'éloigne de son but pour l'occuper de rêveries plus ou moins chimériques et de projets irréalisables. Avec l'empire populaire, créateur et pacificateur , la France marche directement à son but ; elle pense , étudie , travaille pour s'en rapprocher , et le peuple trouve à ses besoins moraux un aliment qui l'empêche de se pervertir avec les contemplations malsaines des époques de démoralisation.

Cette idée est fort reçue dans l'Internationale que les ouvriers de tous les pays, ayant les mêmes intérêts et devant combattre les mêmes ennemis, sont naturellement solidaires , malgré la différence des gouvernements et des nationalités. Il faut même avouer qu'au premier abord, cette idée a quelque chose qui vous en impose et vous séduit. Mais au fond elle est complétement fausse. Pour établir une solidarité réelle entre les hommes , il ne suffit pas qu'ils aient les mêmes sensations et les mêmes besoins , c'est-à-dire les mêmes intérêts , il faut encore qu'il y ait entre eux une communauté de sentiments et d'idées qui ne reposent pas toujours sur des faits matériels.

Non seulement les ouvriers français n'accepteront plus une solidarité internationale de ce genre quand on formera une solidarité économique française , mais ils sont mus au point de vue moral , par des mobiles qui sont le plus souvent étrangers aux ouvriers des autres pays. Le désir de continuer et de perfectionner l'œuvre de leurs pères les domine bien plus qu'ils ne le croient eux-mêmes ; les grands souvenirs de l'histoire de France restent vivaces dans leurs esprits , et ils ne voient pas sans douleur l'interruption momentanée de notre grande et glorieuse mission dans le monde ; les travaux continus de nos génies nationaux, la puissance et la cohésion de la pensée française sont malgré tout les véritables sources où leur intelligence aime à s'abreuver.

N'est-il pas à craindre toutefois qu'ils ne se fassent des illusions sur la portée de l'œuvre nouvelle que la France doit entreprendre ? Non, car il n'y a rien qui comporte moins les utopies que la bonne et saine pratique. Le communisme, le mutuellisme et les autres théories socialistes, tous les jours démenties par les faits et par la science, tomberont d'elles mêmes, et tous comprendront que les systèmes *à priori*, si ingénieux qu'ils soient du reste, sont des produits de l'imagination, plutôt que du jugement, parce que le jugement a besoin, pour découvrir et pour démontrer une vérité, de faits, de preuves , d'enseignements , que les théoriciens socialistes n'avaient point à leur disposition, et qu'ils étaient trop souvent forcés de remplacer par des calculs ou par des rêveries sans vraisemblance et sans solidité.

Le système social actuel est perfectible : donc il faut le perfectionner. Tout est là. Rêver le nivellement des fortunes et des intelligences, c'est une folie qui a déjà bien perdu du terrain dans les esprits.

Que la société aide tous ses membres ; qu'ils travaillent et se développent dans la mesure de leurs facultés physiques et morales, et qu'ils soient rémunérés selon l'importance et l'utilité de leurs fonctions, c'est tout ce qu'on peut désirer , car c'est logique et de toute justice.

D'autre part, les attaques contre le capital et contre la propriété cessant aussi rapidement qu'elles se sont produites, les classes aisées n'auront plus les mêmes motifs pour s'opposer aux progrès des travailleurs. La position sociale de ces classes serait alors plus que jamais garantie de toutes atteintes, car elles n'auraient pas seulement pour la défendre le gouvernement le plus fort qu'on ait jamais vu, mais l'assentiment moral et la confiance des classes ouvrières. Le droit de propriété tel qu'il est constitué actuellement est un fait acquis, auquel il importe de ne pas toucher, parce qu'il marque une des plus belles étapes de la civilisation, mais il n'en est pas le dernier mot.

Qu'on en convienne simplement, et que tout en respectant l'ordre de choses établi, on ne néglige pas d'y introduire pro gressivement les améliorations indiquées par l'expérience, et les raisonneurs absolus de l'extrême réaction et de l'extrême révolution seront tout étonnés de la grandeur des ressources qu'un tel accord pourra mettre en œuvre.

VII.

SIMPLES AVIS.

Nous disons « un tel accord, » parce qu'il est bien entendu que dans notre pensée, ce seraient surtout les ouvriers et les bourgeois, ou en un mot, toutes les classes de la société qui travailleraient elles-mêmes à amener les améliorations réclamées par la situation. Le rôle du gouvernement, quelque bien intentionné qu'il soit d'ailleurs et quelque ferme que puisse être la résolution qu'il prendrait de diriger les efforts de tous dans le sens des principes de Justice que nous avons exposés, ne peut être que de favoriser l'accord dont nous parlons et de le ren dre durable. Il devrait pour arriver à ce but faire appel à toutes les intelligences pour étudier les questions sociales, tenir compte de toutes les observations et de tous les faits se

rapportant à l'ordre économique, mais il est certain qu'il sortirait de ses attributions et deviendrait une cause nouvelle de
pérturbations dangereuses, s'il s'avisait de faire lui même la
plus grande partie du travail, en publiant des décrets pour
réformer graduellement l'ordre social, ou pour créer de nouvelles institutions économiques, qu'il aurait jugées convenables.
Procéder ainsi, ce serait tout perdre, car ce serait tomber
dans l'excès contraire à celui dans lequel tombent les indivi
dualistes absolus, qui pensent qu'il n'y a rien autre à faire,
qu'à laisser les intérêts se développer dans tous les sens, se
heurter et se nuire, au risque de tous les inconvénients qui
peuvent en résulter.

En France, la République qui affiche ces principes nous
mènerait à l'anarchie, mais le gouvernement trop autoritaire
qui ferait tout par lui-même ne donnerait que des solutions
artificielles et forcées, qui ne sauraient répondre d'une manière
exacte aux véritables besoins de la société.

La grande supériorité de l'Empire sur ces deux régimes si
différents consisterait précisément en ce qu'il rendrait impos-
sibles et ridicules les prétentions réformatrices des idéologues,
en donnant un immense essor à l'activité de tous ceux qui
comprennent que ce n'est que par la saine pratique sociale,
c'est-à-dire par l'étude et par le travail continus, qu'on peut
obtenir de sérieux résultats. Ne commettons donc plus l'erreur
capitale de demander au gouvernement plus qu'il ne peut donner. Avec un gouvernement soucieux des intérêts de la nation
et bien uni avec elle, les réformes, qui d'ailleurs seraient posi-
tivement indiquées comme urgentes par l'expérience, par les
besoins généraux, par la voix de l'opinion publique, seraient
toujours faciles à appliquer.

Ce n'est que sous l'auspice de ces observations préalables,
que nous nous hasarderons à donner notre avis sur cette dernière question. Nous ne voulons point faire des propositions
définitives ayant un caractère plus ou moins systématique,
mais émettre simplement quelques idées adoptées par un certain nombre de nos amis.

Tous les projets formulés ainsi théoriquement, avant que la société elle-même n'ait parlé clairement, sont plus ou moins vicieux. Aujourd'hui surtout, il n'est plus permis à personne de s'illusionner, au point de croire qu'il soit possible à un homme de trouver une solution aux problèmes économiques sans autre secours que celui de ses réflexions et de ses études particulières. Nous n'avons donc nullement la prétention de révéler à nòs concitoyens une panacée quelconque. C'est du concours de toutes les intelligences seulement, que sortiront les études fortes et fécondes qu'on pourra utiliser ; nous commençons modestement à apporter notre concours, voilà tout.

Bien des gens s'occupent aujourd'hui des améliorations économiques éventuelles à l'aide desquelles on pourrait donner satisfaction aux aspirations modernes, en même temps qu'on préviendrait les troubles et les révolutions, qui ne profitent à personne et gaspillent tant de précieuses ressources. Une idée générale, encore vague et informe, mais d'un grand avenir est venue à l'esprit de tous. On pense qu'un vaste système d'assurances mutuelles contre les vicissitudes sociales, qui comprendrait indistinctement tous les membres de la société, riches ou pauvres, capitalistes ou travailleurs, serait le moyen d'action le plus susceptible de nous rapprocher du but.

Il reste, il est vrai, à donner un corps à cette idée, à l'étudier dans son ensemble et dans ses détails, à l'encadrer dans une méthode rationnelle, basée sur la science et sur l'expérience ; mais si des millions d'intéressés y consentent et s'en occupent, ce ne sera pas impossible.

Ne pourrait on pas par exemple établir dans chaque commune, une caisse de solidarité des producteurs de la commune, en comprenant bien entendu sous cette désignation de producteurs, tous ceux qui, soit par leur travail, soit par leurs services, soit par leurs propriétés, soit par leur commerce, soit par leur capital, concourent à l'œuvre générale de la production nationale ? Cette caisse devrait elle être une création de l'État ou une création libre ? Il est bien difficile de décider sur ce point ;

toutefois il semble qu'on pourrait arriver à en faire une véritable institution nationale, appliquée dans toute la France et à la tête de laquelle l'État se trouverait naturellement placé, parce que lui seul pourrait coordonner tous les efforts et leur donner les garanties puissantes dont ils auraient besoin. Le capital nécessaire se formerait au moyen du versement par chacun du centième ou même du cinquantième de son revenu annuel. Dans ce dernier cas, et surtout si la caisse pouvait être dispensée de payer des intérêts et autorisée à bénéficier du placement ou de l'emploi du capital versé, on arriverait à recueillir tous les ans, dans toute la France, une somme qui dépasserait deux cents millions.

Une partie de ce capital pourrait être employée à soulager la misère, à venir en aide aux ouvriers sans travail, en un mot à faire le plus de bien possible ; l'autre partie, et elle devrait être de beaucoup plus considérable, servirait à constituer un capital puissant qui permettrait au bout de quelques années de payer une rente aux vieillards et aux invalides du travail, laquelle rente s'étendrait progressivement à tous les hommes au dessus de cinquante ans. Quant au chiffre de cette rente, il n'est guère permis de le fixer au préalable, néanmoins on peut calculer approximativement qu'il s'élèverait, au bout de quelques années de cumul et d'efforts, à la somme de quatre cents francs. Ce serait déjà un bien joli résultat d'obtenu.

Mais un côté bien plus difficile encore de la question sociale est celui qui regarde les rapports journaliers du travail et du capital. Si nous sommes toujours exposés à voir à chaque instant ces rapports se tendre, sous l'influence d'une crise industrielle dont la cause est le plus souvent indépendante de la volonté des patrons autant que de celle des ouvriers, nous courons le risque de ne jamais trouver le terrain neutre dont nous avons besoin pour réconcilier et faire marcher de front les deux agents essentiels de la production.

Comment empêcher ces grèves quelquefois formidables qui ruinent l'industrie, nuisent aux ouvriers autant qu'aux patrons, jettent la perturbation dans les mouvements économiques et sèment les haines qui engendrent les révolutions ?

S'il était prouvé que les grèves puissent réellement amener de bons résultats, nous chercherions à établir une balance entre ces résultats et ceux tout différents que nous venons d'énumérer, nous essayerions ensuite de nous prononcer avec impartialité, On comprendra sans peine, que nous aimerions à trouver dans un droit acquis et souvent exercé, un sérieux élément de progrès, un moyen de faire du bien à ceux qui souffrent. Malheureusement, nous devons déclarer, nous qui avons, non pas fomenté des grèves, car des grèves ne se fomentent pas, mais qui avons dû en conduire, en soutenir, qui en avons vu éclater partout autour de nous, nous devons déclarer que nous n'y voyons absolument rien d'utile et de profitable.

Le droit de coalition est une de ces libertés politiques chères aux individualistes, qui ne peuvent servir en France qu'à mettre aux prises les hommes et les intérêts, partant à semer l'agitation et la discorde. Ne serait il pas possible de le remplacer par une institution qui aurait pour but au contraire de rapprocher et d'unir dans une même pensée, les éléments que l'on oppose les uns aux autres ?

Nous voulons parler d'une sorte de CHAMBRE DES INTÉRÊTS ÉCONOMIQUES, qui serait formée dans chaque département et où seraient également représentés la propriété foncière et le travail des campagnes, le capital industriel, commercial et financier, et le travail des villes sous toutes ses formes

Comme il s'agirait de mettre en présence les intérêts généraux du capital et du travail nationaux, et non les intérêts particuliers de chaque individu, le nombre des électeurs ne servirait point de mesure au nombre des députés. Le nombre de ces derniers serait simplement indiqué par l'importance de chaque élément de production qui devrait être représenté.

Là, on étudierait constamment les lois économiques qui gouvernent la société, on rassemblerait des faits, des observations, on se renseignerait, on s'expérimenterait, les hommes des différentes classes apprendraient à se connaître et à s'apprécier. Lorsque des réclamations seraient présentées , soit par les ouvriers, soit par les patrons, soit par d'autres, on les étudierait consciencieusement, et on ne prendrait une décision qu'en pleine connaissance de cause au moyen d'un vote régulier.

Cette chambre aurait en un mot un rôle immense et qui aurait pour résultat, croyons nous, de rendre aux capitalistes la sécurité et la confiance, aux ouvriers l'espérance et le courage, à tous le calme prospère , les ressources et le travail non interrompu, sans lesquels on ne peut arriver à rien.

Que ces projets ou d'autres qui seraient jugés meilleurs soient acceptés, peu importe : ce n'est pas à la forme que nous devons nous attacher , c'est au fond. Que tout le monde se mette à l'œuvre et qu'on ne s'endorme plus avec indifférence sur un volcan dont l'éruption soudaine pourra venir, au moment où l'on s'y attendra le moins, ébranler la société jusque dans ses fondements.

Quelle objection sérieuse pourrait on faire à ce raisonnement, quand la nation française voudrait passer de la théorie à la pratique, puisque ce serait un pouvoir fort qui saurait garantir *dans toute leur intégrité les droits actuellement existants*, qui présiderait lui même au développement et à l'application des nou velles idées économiques.

Et si l'on se décide à entrer dans cette voie, il est indubitable que les premières améliorations de position dont tous bénéficieraient en entraîneraient immédiatement d'autres. Le mouvement général de l'industrie , du commerce et de l'agriculture ne pourrait qu'y gagner et la richesse nationale s'accroîtrait d'autant, ce qui ne serait certes pas à dédaigner dans une situa tion comme celle qui nous a été faite par les événements.

N'est ce pas là d'ailleurs, que nous devons chercher l'accroissement de ressources dont nous avons besoin , plutôt que dans ces lois prohibitionnistes hasardeuses qui en ruinant certaines de nos industries peuvent nous mettre dans une position difficile à l'égard des étrangers, entraver l'essor de la production et nous fermer complétement certains marchés.

La liberté de l'échange et de la concurrence n'est pas une illusion , comme ces prétendues libertés politiques inscrites en tête des constitutions républicaines, qu'on viole toutes les fois qu'on le juge à propos et à l'aide desquelles on fait croire aux malheureux abandonnés qu'ils sont libres tout comme les puissants que le sort a placés aux premiers degrés de la hiérarchie sociale.

La liberté de l'échange est le seul trait d'union possible entre la production et la consommation ; plus elle s'étend, plus elle est garantie ; et plus le mouvement des échanges grandit, acti vant les affaires et le travail , perfectionnant la main d'œuvre , répandant partout des germes féconds dont profitent toutes les classes de la société.

Cette liberté productive , aussi bien que la faculté pour chacun d'utiliser et de développer ses aptitudes sociales , voilà les libertés fondamentales qu'il faut respecter avant tout, parce que celles-là sont la base de toutes les autres et ne peuvent jamais devenir pour personne une cause d'inquiétudes.

VIII.

LA FRANCE AU POINT DE VUE MORAL.

La confusion dans les sphères politiques, l'excitation des passions dans l'ordre économique, la perversion du sens moral de la nation, telles furent, de l'aveu de tous , les véritables causes de nos désastres. Le retour d'un ordre de choses stable et régulier au point de vue politique, le rétablissement de la paix sociale, sont donc des conditions *sine quà non* de notre réhabilitation et de notre régénération.

Il n'y a pas deux marches à suivre pour en arriver là ; il n'y en a qu'une, celle que nous avons indiquée.

Les nuages qui obscurcissaient les intelligences se dissipant alors et les mauvaises passions perdant leur puissance avec leurs moyens d'action , cette prétendue dégénérescence de l'esprit français, cette décadence morale de la France dont on fait tant de bruit depuis quelques années continuera t-elle de nous attrister et de réjouir nos ennemis ?

Selon nous , c'est de toute impossibilité , parce que cette décadence apparente n'était produite que par une crise morale, autant que politique et économique qui , en nous imposant une douloureuse transition , jetait nos esprits , d'abord dans le vague et dans l'incertitude, puis dans le scepticisme.

Le scepticisme, dans un pays de foi et d'avenir, dans un pays apôtre dont le monde entier recueille les idées et étudie les inspirations, voilà le mot de notre corruption morale.

Du jour où la France , connaissant le but de sa mission moderne et rassemblant ses forces pour sortir du marasme dans lequel elle a failli périr, continuera courageusement sa marche ascendante dans des sentiers pénibles et nouveaux , mais qui continuent à notre époque la voie large et glorieuse des traditions nationales , de ce jour l'âme de la France se relève et s'épure, elle est sauvée. Une nouvelle solidarité intellectuelle et morale vient compléter et couronner de sa bienfaisante lumière l'édifice de l'unité française.

Mais à ce point de vue encore il faut se garder de tomber dans de funestes exagérations et de se laisser aller à de trompeuses espérances. En philosophie comme en économie sociale, il faut faire litière de toutes les théories et s'en remettre à l'expérience. Quand nous aurons su mettre à profit les vérités que les faits nous ont démontrées , d'autres vérités apparaîtront qui nous dévoileront successivement un plus grand horizon

Jusqu'ici deux courants d'idées opposés se sont disputé l'empire moral de la France ; l'antique sentiment religieux de la nation et le matérialisme plus ou moins mitigé des différentes écoles rationalistes.

Depuis plus d'un siècle, attaquer la religion est devenu l'occupation constante et la ressource ordinaire d'un grand nombre de publicistes français ; le peuple, sans guide et sans boussole, désorienté au milieu de la danse infernale des imaginations qui nous menait au chaos, prit goût à cette petite guerre sans cesse renouvelée

Les évènements ont prouvé que rien n'est si dangereux que de jouer avec la foi d'une grande nation.

Le catholicisme est-il vicieux et abusif dans son principe et dans ses actes ? Nous n'avons pas à entrer dans des considérations sur cette matière, mais ce que nous devons reconnaître et proclamer hautement, c'est que le catholicisme est la forme sous laquelle se sont affirmées depuis de longs siècles les aspirations religieuses et les tendances morales du peuple français. Si la propagande philosophique et révolutionnaire ne lui a fait perdre que très peu de terrain, c'est qu'elle était impuissante à le remplacer dans le cœur et dans l'esprit des populations.

Le paysan, dont la race vaillante est la souche originaire de tout le peuple, aime peu les jeux d'esprit et les raisonnements des esprits forts ; il est peu instruit, mais il a un sentiment profond, dans lequel il se replie avec bonheur aux heures d'épanchement et de réflexion. Il sent alors le besoin de la religion, et c'est ainsi qu'il s'y attache au point de défier tous les efforts des ennemis du catholicisme.

D'ailleurs, il y a dans l'esprit même de la religion de la France une pensée d'unité et de solidarité, qui s'accorde parfaitement avec le sentiment national et qui apparut avec autant d'évidence que les manifestations politiques de ce sentiment lors de l'expulsion des Anglais au XVe siècle, pendant les guerres de religion du XVIe, sous Louis XIV et quand Napoléon Ier, au début de son règne, rouvrit les églises et restaura le culte national. Gardons-nous donc de toucher d'une main lourde et inexpérimentée à l'arche sacrée de la Foi. Ce ne sont pas seulement la justice et la prudence qui nous le conseillent, ce sont les égarements de la science, dont les assertions mal fondées viennent souvent effrayer ceux-là même qui sont le plus disposés à la favoriser. La science, quelque avancée qu'elle soit aujourd'hui, est bien éloignée encore du but final qu'elle se propose ; elle a déjà cependant rendu d'immenses et nombreux services et l'on ne saurait trop faire pour la mettre à même de nous en rendre de nouveaux. Mais , quand elle émet des doctrines absolues, dont elle prétend avoir prouvé la solidité, et qui au fond ne s'inspirent que d'une aver sion passionnée pour les doctrines contraires, nous devons nous tenir sur la réserve.

Le matérialisme , quels que soient les arguments qu'il emploie, reste toujours obscur aux yeux de ceux-qui voient dans l'enchaînement des faits des causes morales indépendantes de l'ordre physique. Il est plus qu'obscur , il est froid et découra geant pour ceux qui aiment à élever parfois leur intelligence au dessus des choses de la vie réelle Si le catholicisme n'est plus exclusivement le centre de gravitation du mouvement intellec tuel de la France , ce n'est assurément pas le matérialisme qui lui a succédé.

La foi philosophique , politique et sociale qu'il faut à la France , n'a rien de l exclusivisme et de l'absolutisme des doc-trines et des systèmes de tous les temps ; elle respecte la religion et elle admire la science. Produit rationnel de la fatalité histo rique, émanation énergique et puissante de la conscience fran-çaise, elle nous mène à l'avenir par la voie de la Justice sociale. Toute liberté et toute vérité reposent en elle , avec le salut de la patrie , et c'est sur ce terrain seulement que doivent cesser toutes les divergences et toutes les hésitations.

Les pessimistes et les désespérés qui doutent ou qui propo-sent des remèdes empiriques, ne seront point longtemps encore une entrave sérieuse. Ils ont pu, au milieu du tohu-bohu général de notre époque, dénaturer le sens des leçons de notre histoire ; ils ont pu nier l'existence de cette filiation admirable des idées en France , depuis les exaltations religieuses du moyen âge jusqu'aux ironies de Rabelais et au scepticisme de Montaigne, aboutissant aux rayonnements sublimes de ces génies scientifi-ques et littéraires, qui avaient nom Pascal, Descartes, Corneille,

Racine, La Fontaine, Molière, Boileau, Montesquieu. Ils ont pu voir autre chose , dans les productions des philosophes du XVIIIe siècle, des déclassés littéraires et des socialistes du XIXe, que la recherche ardente, passionnée, autant que rationnelle et progressive, de l'idée nouvelle ; ils ne pourront toutefois nier les faits, ni aller à l'encontre du sentiment national, lorsqu'un gouvernement fort sera devenu le mobile de la splendide évolution que nous pressentons.

Mais quel caractère prendra notre nouvelle littérature, sous quel aspect se présenteront désormais nos mœurs et nos esprits purifiés ? Quoique ce soit là le secret de l'avenir, il n'est pas impossible de prévoir jusqu'à un certain point ce qui arrivera. Au point de vue que nous pourrions appeler plastique, la littérature n'est point en décadence comme beaucoup se le figurent ; à côté des ouvrages excentriques sans utilité et sans signification qui pullulent en France, il y en a d'autres qui bien que fort diversement appréciés, n'en sont pas moins un reflet brillant de l'esprit national et qui répondent très bien aux besoins nouveaux. Nous ne sommes plus au temps des poèmes épiques et des œuvres didactiques. Notre civilisation empressée et rapide, nous emporte en courant vers de nouveaux progrès ; chaque jour elle appelle notre attention sur de nouvelles créations , sur de nouvelles entreprises : en élargissant notre horizon intellectuel, elle aiguise notre esprit, active notre jugement et ne nous laisse plus guère le temps de réfléchir pendant de longues heures, sur la valeur et la portée d'une œuvre de longue haleine, composée selon toutes les règles des vieux principes classiques. C'est une transformation , ce n'est point une rétrogradation. La littérature sera donc à la hauteur de son rôle.

Quant à nos mœurs, qui ont donné lieu à de si violentes critiques et à de si lamentables jérémiades , il est bien certain qu'elles n'atteindront jamais à cet ascétisme que rêvent certains penseurs pudibonds. C'est bien heureux du reste , car cette grande sévérité de mœurs qu'on désire pour la France, outre ce qu'elle a d'utopique et d'absurde, est l'apanage exclusif des peuples fanatiques, comme les premiers prosélytes des diverses religions. Surtout qu'on ne nous présente pas les Grecs et les Romains comme des exemples ; en ce cas nous n'aurions pas de peine à prouver, que ce n'est pas chez eux que nous pouvons aller chercher des leçons de morale pratique. Les peuples modernes nous présentent-ils des exemples meilleurs ?

Sont-ce les Anglais, sont ce les Allemands, sont ce les Américains, sont ce les Russes, qui ont des mœurs irréprochables ? Évidemment non. La vérité est que le scepticisme, en produisant le désœuvrement de l'esprit, le conduit à une sorte de débauche morale, à laquelle viennent bientôt s'ajouter les excès physiques

L'absence de principes sains et solides atrophie les facultés et corrompt la conscience : de là le triomphe facile des instincts matériels sur les aspirations de l'intelligence. Il est certain que ce fait s'est manifesté en France avec une regrettable intensité, et que bien des hommes qui par leur position sociale pouvaient influer sur les mœurs du peuple, se sont laissés aller à un libertinage qu'ils cherchaient en vain à cacher.

Nous n'oublierons plus ainsi ces sentiments d'honneur et de dignité, qui sont la véritable base de la grandeur humaine, quand nous aurons une pensée, un but, une œuvre à accomplir.

IX.

RÉPUBLICAINS ET PARLEMENTAIRES.

Les républicains et les parlementaires n'ont pas que des objections de principe à faire à l'Empire. Ils ont craint de bonne heure de ne pas être assez heureux sur ce terrain et ils s'en sont ménagé un autre. Ils prétendent que les intelligences sont de leur côté, et que l'empire est doublement impossible, parce qu'il manque d'hommes dont on puisse admirer les grands caractères et les vertus antiques.

Il semblerait en les entendant parler ainsi , que leur parti au contraire a le monopole du génie , du talent et de la vertu.

Qu'ils n'aient pu , malgré tous leurs efforts , faire cesser les doutes et les hésitations de la société française de notre siècle; qu'ils n'aient rien pu fonder de solide et de durable, ni en 1830 ni en 1848 , ni en 1870 , que la France ne se soit nullement enthousiasmée pour leurs personnes et pour leurs idées , sans doute que dans leur pensée ce sont là des faits qui ne prouvent rien. Leur jugement est au dessus de tout cela.

Comme M. Thiers, qui, sous Louis Philippe , invitait un jour la chambre des députés à aller chercher des leçons de philoso-phie politique dans son Histoire de la Révolution, ils vous citeront tels livres qu'ils ont écrits , tels discours qu'ils ont prononcés , et qui sont tout simplement des évangiles sur les-quels il n'y a pas à revenir, des résumés exacts des principes et des enseignements dont l'ensemble constitue la sagesse des nations.

Et cette grande supériorité morale n'est pas le seul avantage qu'ils aient sur les hommes de l'empire ; les personnalités de ces intrépides amis de la liberté sont pures et inattaquables.

Ce n'est pas pour consulter le suffrage universel et pour rendre la nation à elle-même qu'ils font des révolutions. Tant de perfidie soulève leur conscience.

Ils font des révolutions , purement et simplement pour former un gouvernement dont les confrères et amis occupent toutes les charges et dignités. Là , ils font des décrets, prononcent de grandes phrases, calomnient leurs adversaires, touchent des appointements et se donnent des airs pleins de majesté. Quoi de plus légitime !

Si, d'autre part, le moindre mouvement d'opposition se produit, ils n'attendent pas comme Napoléon III qu'il se soit déve-loppé; ils répriment à l'instant les perturbateurs; toujours au nom de la liberté. Et ils n'y vont pas de main morte ces bons républi-cains

Personne ne les égale dans l'art de déporter et de fusiller les ouvriers. Assurément, ce ne sont pas là de minces qualités. Mais que penser de l'habileté avec laquelle ils surent se faire prendre par les travailleurs pour des démocrates sérieux.

Les ouvriers des villes avaient conservé un vieux reste d'admiration pour les hommes de 93, qui dans leur pensée, personnifiaient énergiquement la haine de l'aristocratie. Lorsqu'on leur parlait de République, ils rêvaient aussitôt de Robespierre, de Danton, de Marat, de St-Just, de Chaumette. Cela dura longtemps. Jules Favre, Jules Simon, Gambetta, étaient aux yeux des ouvriers les continuateurs des hommes de la première République. Mais quelle désillusion, lorsque les évènements vinrent arracher leurs peaux de lions à ces tristes héros. Et il faut convenir que sous ce rapport, ils ont été bien maltraités : 1848 les avait déjà bien fait baisser dans l'estime publique, mais 1870 les a achevés. Ils recueillaient, disent-ils, l'héritage de l'empire, et ce sont les fautes de l'empire qui ont rendu leur tâche si lourde. Le mieux eût été alors, de ne pas recueillir cet héritage, ou simplement de ne pas empêcher dès l'origine la France de se préparer à la guerre. Mais non, il fallait que l'empire tombât n'importe comment, et que les sages de la gauche fussent appelés à donner à la France la juste mesure de leur valeur. L'expérience est faite.

Après le 4 Septembre, la France ignorant encore les véritables causes de sa chute parut vouloir sérieusement se relever avec la République : le sentiment national, surexcité, produisait partout un mouvement de réveil. Un grand homme, une idée nouvelle et la France était sauvée, malgré les canons Krupp et tous les stratégistes imaginables.

Mais un gouvernement réellement national pouvait seul produire un tel résultat. La République eut peur du soulèvement des masses, elle fit tout ce qu'elle put pour l'empêcher, et au lieu de créer quelque chose de nouveau, elle appela à son secours tous les débris des systèmes monarchiques qu'elle prétendait stigmatiser.

Si Lyon envoyait des délégués au gouvernement provisoire,

pour demander une plus large action du peuple dans l'organisation de la défense nationale , on leur répondait par des phrases évasives, qui n'étaient au fond qu'une invitation d'effacer complètement leurs idées et leurs personnalités, devant la supériorité des profonds penseurs qui venaient de prendre en main le timon des affaires. Si le Midi formait une ligue de défense nationale, parfaitement orthodoxe au point de vue républicain, on la dissolvait et on jetait ses fondateurs en prison. Garibaldi lui-même vint parmi les siens , et les siens le méconnurent au point de lui refuser le commandement supérieur que beaucoup demandaient pour lui.

Il eut dans l'Est un rôle militaire à peu près égal à celui qu'avaient dans l'Ouest messieurs Charette et Cathelineau.

Enfin, jamais dans aucune armée , l'esprit de caste et d'inégalité ne fut aussi prédominant et ne produisit d'aussi funestes résultats que dans les armées nouvelles de la République.

Le talent et l'énergie n'étaient comptés pour rien : sauf quelques rares exceptions commandées pour ainsi dire par les circonstances, les protections et la fortune seulement étaient de quelque poids dans les décisions des hommes du gouvernement.

Quant à ceux qui avaient le malheur de laisser paraître des convictions autres que celles des nouveaux sauveurs de la France, ou des royalistes leurs alliés , il ne fallait pas qu'ils s'avisassent de chercher à faire quelque chose pour leur patrie. A Lyon tous les socialistes qu'on put prendre furent mis en prison et les autres furent pourchassés avec ténacité par la police, ce qui n'empêcha pas la justice républicaine de les condamner comme réfractaires. Oser se soustraire aux jugements les plus iniques et à une déportation certaine , c'était évidemment la même chose que refuser de combattre pour la patrie.

Du reste ce n'était pas toujours une garantie efficace contre les fureurs républicaines, que d'avoir de la soumission et de la bonne volonté malgré tout.

Le peuple de Lyon ne se souviendra jamais sans une poignante émotion , de l'assassinat juridique de trois jeunes gens de la 1ᵉ légion du Rhône, qui furent fusillés à Villefranche, au moment où cette légion se rendait sur le théâtre de la guerre

Ils avaient, dit on, commis le crime impardonnable de se griser et par suite de ne pas obéir assez promptement aux injonctions des chefs austères et vertueux qu'on leur avait donnés. Ils moururent courageusement ; les larmes de leurs camarades et de leurs parents furent leur seule oraison funè bre. Ces exécutions épouvantables se généralisèrent au point qu'on fut ensuite contraint de les cacher pour ne pas exciter l'indignation publique.

Si par hasard elles venaient à être connues, les journaux républicains étaient là pour les justifier et pour en démontrer la nécessité. Ils s'étonnèrent cependant que ces procédés san guinaires aient irrité les instincts du peuple et l'aient une fois conduit à juger et à exécuter lui même un commandant de la garde nationale ; ils parurent ne pas voir que les vrais cou pables étaient ceux qui, en respectant si peu la vie humaine, en effrayant les populations, en leur mentant journellément, corrompaient la notion naturelle du Droit.

C'est avec la même logique, qu'ils surent *ne rien trouver de répréhensible*, dans l'assassinat de l'ouvrier Charvet, tué à Lyon, le 21 décembre 1870, dans un fiacre, par un officier de la garde nationale qui venait de procéder à son arrestation. Char vet était un membre de l'Internationale ; sa mort n'occupa pas longtemps l'opinion publique, mais nous sommes certains que la lumière se fera sur ce point comme sur les autres.

Il faut qu'elle se fasse, car s'il y a des gens dont l'intérêt est d'oublier ou de dénaturer les faits, il y en a d'autres qui ont intérêt à les produire au grand jour, et qui pensent que le moment viendra bientôt où la France, rassasiée de mensonges et de calomnies, aura soif de vérité.

Ce jour là sera le jour de la justice, le jour des responsabi lités.

Nous l'appelons de tous nos vœux, ce jour redouté par d'autres, et nous aurons alors bien d'autres choses à dire, non que nous cherchions des réprésailles : quelles que soient les souffrances que nous ont fait endurer les hommes de la République parlementaire, nous aurons le courage d'effacer ces questions personnelles devant l'intérêt du pays, et le pays n'a été que trop livré en pâture aux passions haineuses des partis, mais il importe que l'expérience acquise dans ces dernières années soit complète pour qu'elle soit profitable.

Une République qui commençait si bien ne pouvait que finir de même. Les armées françaises furent constamment occupées à battre en retraite. A Woerth, à Forbach, à Borny, à Gravelotte, à Saint-Privat, à Sedan , les soldats de l'empire firent éprouver aux Prussiens des pertes immenses , les repoussèrent quelquefois et ne succombèrent que sous le nombre.

Sous la République les soldats, mal vêtus, mal nourris. mal commandés, sans foi et sans enthousiasme dans le cœur, se battirent cependant avec bravoure, mais tous sont unanimes pour reconnaître que toutes les mesures qui pouvaient rendre certaine leur défaite finale furent prises, par ordre du gouvernement, avec un soin pour ainsi dire méticuleux.

Les membres du gouvernement n'étaient cependant point des traîtres , mais leur impuissance et leur incapacité dépassaient tout ce qu'on aurait pu rêver de plus réussi dans ce genre. Et ce sont ces gens là qui se croient supérieurs aux hommes de l'empire ?

Monsieur Thiers est assurément un tout autre homme ; il a le talent et l'intelligence qui conviennent dans un pays en état de transition , et c'est précisément pour cela qu'il n'a pas de génie. Il a l'art de faire croire qu'il a des convictions et sait cacher habilement les contradictions nombreuses qui se produisent à chaque instant entre ses actes et ses paroles.

Tantôt républicain, tantôt monarchiste, tantôt parlementaire, il croit avoir sa raison d'être dans le caractère qu'il s'est donné de défenseur résolu du système social actuel.

En 1834 , comme en 1848 , comme en 1871 , à la tête ou dans les rangs de l'armée réactionnaire , il assume hardiment sa part de responsabilité, dans les massacres d'ouvriers qu'on rend périodiquement nécessaires. Il est assurément pénible autant que difficile, pour tout homme de sens, d'avoir à constater dans un grand personnage politique ces vices terribles et invétérés, dont l'horreur semble rejaillir sur la patrie commune. Mais c'est un fait indéniable désormais : M. Thiers apparaîtra dans l'histoire comme un autocrate déguisé, se dissimulant derrière la volonté des autres et les exigences de la loi.

Les exécutions en masse qui ont suivi la défaite de la Commune, les tortures infligées aux quarante mille malheureux qui gémissent sur les pontons, cette suite de sauvageries ignobles a pu trouver des approbateurs. Il y a des gens pour tout dire, comme il y en a pour tout faire. Mais laissons les passions se calmer et la raison revenir, et nous verrons si l'opinion publique appréciera toujours de la même manière M. Thiers et ses actes.

Nous verrons si l'on trouvera toujours juste et raisonnable l'exécution à froid de Rossel, de Ferré, de Bourgeois et de Crémieux, plusieurs mois 'après leur condamnation à mort, c'est-à-dire après une longue suite de jours alternée de souffrances, d'incertitudes, d'espérances déçues, de désespoir et d'abattement.

M. Thiers et ses amis ont eu le cœur bien léger en agissant ainsi, mais s'ils ont cru éloigner par la mort de quelques uns le danger qui les menace, ils se sont bien trompés. Une certaine partie de la bourgeoisie a considéré longtemps M Thiers comme un sauveur, mais tout le monde commence à voir que cette conduite est la plus funeste aux véritables intérêts de la bourgeoisie qu'un homme d'État puisse adopter.

La bourgeoisie veut qu'on lui garantisse dans toute leur intégrité ses droits sociaux actuels, mais elle comprend très bien, surtout maintenant, que si on n'a jamais d'autre solution à donner aux difficultés économiques, que la répression la plus sévère et la plus impitoyable des manifestations du sentiment socialiste, on ne fera que créer de nouveaux ferments de troubles et de révolutions. Quelle sécurité y a-t-il pour le capital , au fond de cet absolutisme de doctrines des parlementaires en matière économique ?

Quel avenir nous réserve cette exagération du sentiment d'individualisme des membres de la société française, que la logique et l'expérience tendent à rendre solidaires ?

Ouvriers et bourgeois sentent le danger, et le seul moyen de le conjurer étant la restauration de l'empire , M. Thiers aura beau faire, il sera impuissant et impossible lui aussi.

Quant aux hommes capables sur lesquels il croit pouvoir s'appuyer , ils se réduisent en définitive à un groupe de vieillards , dont les profils surannés, réunis à celui de leur illustre chef de file, représentent admirablement la fin de la douloureuse période de scepticisme et de démoralisation que nous venons de traverser.

Il s'en faut donc de beaucoup , que les sommités des partis républicain et parlementaire soient supérieures aux hommes de l'Empire. Il s'en faut de beaucoup surtout qu'elles aient rien du caractère et des talents qui conviennent aux hommes dont la France nouvelle a besoin.

X.

LA SITUATION ACTUELLE DE LA FRANCE.

L'empereur d'Autriche et l'empereur d'Allemagne , lors de leurs récentes entrevues de Gastein et de Salzbourg, se sont, dit-on, occupés du mouvement socialiste révolutionnaire qui se développe en Europe, et des moyens d'en prévenir les funestes résultats.

En ce cas, la situation actuelle de la France a dû attirer leur attention d'une manière toute spéciale. La France est toujours le cœur et le foyer intellectuel de l'Europe.

La révolution y est née et c'est encore là qu'elle a son véritable centre d'action.

Nous qui savons par expérience comment se préparent et ce que peuvent produire à un moment donné, les agitations populaires, nous en sommes peut être arrivés à formuler les mêmes conclusions que les deux monarques : pour que l'ordre règne en Europe, il faut que l'ordre règne en France. Qu'on y réfléchisse un instant, et les moins clairvoyants conviendront que ce n'est pas un faible secours que nous apportons aux amis de l'ordre de tous les pays, en nous prononçant d'une manière éclatante, et en mettant un terme aux inquiétudes de ceux qui se demandaient tous les jours, dans quelle voie entrera la France et quel rôle elle doit jouer désormais en Europe

Autant la France républicaine et parlementaire est dangereuse pour la paix de l'Europe, par ses théories, par sa propagande, par ses dissensions, par les haines invétérées de ses personna lités, autant la France impériale et économique occupée de son développement intérieur, unie, calme, laborieuse est au contraire la plus précieuse de toutes les garanties d'ordre et de paix que l'Europe puisse désirer. C'est donc à tous les points de vue que le triomphe de nos idées est indiqué par les circonstances comme le seul dénouement possible de la crise actuelle de la France.

Quant aux difficultés intérieures qu'il y a à surmonter, elles sont plus apparentes que réelles Est ce par patriotisme que des Français s'opposeraient au retour de l'empire ? Mais, personne ne s'illusionne plus au point de croire que l'empire soit exclusi vement responsable des malheurs qui nous ont frappés. Ce n'est pas lui qui a créé la situation pénible au milieu de laquelle nous nous débattons, avec plus de convulsions et de fièvre que jamais, depuis un demi siècle, ce n'est pas lui qui a égaré les esprits avec des théories anti nationales ; ce n'est pas lui qui a divisé les bourgeois et les ouvriers, ce n'est pas lui qui a empêché la France de se préparer à la guerre. Ce n'est pas lui enfin, qui a entrepris l'œuvre insensée de la résistance à la Prusse,

après la destruction de l'armée française, avec de mauvais éléments, de pauvres idées et de pauvres hommes. Dira t-on par
exemple aux Alsaciens et aux Lorrains, que c'est l'empire qui a
rendu possible l'annexion de leur pays à l'Allemagne ; mais les
Alsaciens et les Lorrains , qui pendant la dernière guerre ont
pris leur rôle de défenseurs de la patrie, un peu plus au sérieux
que les chefs du gouvernement républicain, ont bien vu alors à
quels hommes ils avaient affaire , et ont pu se rendre compte
de la pernicieuse influence qu'avaient eue depuis longtemps sur
les destinées de la France, de tels sophistes. D'ailleurs les Alsa
ciens et les Lorrains sont avant tout patriotes, ils aiment la
France et regrettent ses errements, mais ils comprennent instinc-
tivement qu'une nation a ses mauvais jours et que le rôle des
individualités, quelles qu'elles soient, dans les événements qui
amènent de grandes catastrophes, comme celle dont ils ont été
victimes, est toujours subordonné à des causes générales d'or
dre supérieur.

Ce n'est point de l'Alsace et de la Lorraine que s'élèveront
jamais des voix discordantes au milieu du concert national. Les
difficultés viendront elles du parti républicain ? ce n'est guère
possible ; les républicains d'aujourd'hui sont capables de s'agiter,
mais non d'entraver le mouvement national pour la restauration
de l'empire.

L'idée républicaine n'est plus représentée dans les grandes
villes que par des hommes parfaitement nuls sous tous les rap
ports. Jaloux, vaniteux, vantards , mus par les instincts les
plus bas, incapables de s'élever un instant au-dessus de la
sphère étroite de leur jugement, se détestant et se calomniant
les uns les autres, ils en sont réduits à ressasser de vieux clichés
qui ne produisent plus aucun effet sur les masses. Les honnêtes
gens qui s'étaient égarés dans leurs rangs les abandonnent.
Leurs chefs les plus connus, confus et honteux de leur pitoyable
débâcle , rentrent graduellement dans l'obscurité Un seul ,
Gambetta, paraît vouloir rester encore sur la brèche. Des
journaux radicaux, que la pénurie de grands hommes dans

leur parti attristait et décourageait , le révélèrent il y a trois ans au peuple français ; on s'engoua de lui , on l'arracha à ses modestes fonctions et on le transforma en un clin d'œil en un homme politique de la plus belle venue. Lui-même se prit au sérieux et osa se faire un moment l'arbitre de la France. Nous savons ce que nous a coûté de sang et d'humiliations son règne ridicule. Quelques satellites sans éclat persistent à tourner autour de cet astre incolore et déplacé. Tristes figures , sans racines dans le sol de la France, sans influence dans le mouve ment de la civilisation, que la destinée a désignées pour conduire gravement l'enterrement de leurs propres utopies.

Pauvre République : il ne lui aura même pas été donné de tomber avec majesté. D'autre part , que pourraient faire M. Thiers et son gouvernement parlementaire, pour empêcher la restauration de l'empire ?

Ils ne pourront même pas arguer de leur qualité de représentants de l'autorité et de la légalité en France L'Assemblée actuelle, élue sous la pression de circonstances exceptionnelles , et composée de députés qui n'eurent presque tous que de faibles majorités, a dépassé ses pouvoirs en ne se bornant pas à remplir le mandat que l'opinion publique lui confiait. Bien loin de se retirer après avoir conclu la paix, elle s'est érigée en constituante et s'est mise à légiférer à sa manière , pour préparer les voies à un régime de son goût.

Mais cette situation ne saurait se prolonger ; la France entière sait que le gouvernement actuel n'est qu'un gouvernement provisoire, *que le suffrage universel n'a point sanctionné* ; elle sait par conséquent, que s'il essaie plus longtemps de se soustraire au grand verdict populaire que tout le monde réclame, son autorité devient abusive, sa légalité fausse et sans valeur. Il faudra bien sortir de ce pas, et c'est là que nous attendons messieurs les parlementaires et les orléanistes.

S'ils manœuvrent pour tromper la nation et passer par dessus sa volonté réelle, ou s'ils font appel à la force, ils commettent un crime que le châtiment suivra certainement de près.

Et sur qui pourront-ils compter, s'ils osent engager la lutte avec l'empire ? Sur l'armée ? Pour la plupart, ses officiers sont toujours dévoués à l'empereur, et les soldats sont des enfants du peuple, dont les véritables affections seront toujours pour l'héritier de Napoléon Ier dont le caractère reste, quoiqu'on dise et quoiqu'on fasse, le symbole et le phare de la France contemporaine. Sur la bourgeoisie ? Elle n'est attachée que conditionnellement aux parlementaires, et donnera sans hésiter la préférence à l'empire, dès qu'elle y verra un avantage réel, c'est à-dire quand la question de savoir quel est le gouvernement qu'elle préfère, ne pourra plus lui être posée dans ce langage émaillé de calomnies et d'insinuations perfides, dont on a tant abusé dans ces derniers temps.

Sur les ouvriers ? Ce sont les ennemis désormais irréconciliables de M. Thiers et des parlementaires ; *c'est au sein des vastes phalanges socialistes qu'ils avaient formées, que se recrute maintenant l'armée du néo-impérialisme, dont nous sommes les représentants.*

Sur les paysans ? Malgré les influences diverses qui se sont disputé leur conquête, ils sont au fond restés fidèles à l'empire : ils se rappellent que sous l'empire ils ont joui d'une aisance et d'une tranquillité que nul autre régime n'a pu leur donner.

Que restera-t-il à M. Thiers ?

Pas même les fonctionnaires subalternes de l'administration et de la police, qui tous regrettent l'empire et qui s'empresseraient de l'acclamer du plus loin qu'ils le verraient apparaître.

Pour ces employés, comme pour la majorité des Français, M. Thiers n'est utile que parce que l'Empereur n'est pas là.

Le libéral M. Thiers essaie, pour faire illusion à l'Europe et au mépris de ses propres principes, de former une presse uniforme, destinée à chanter ses louanges ; il défend les réunions, maintient l'état de siége, opère par centaines de mille des radiations d'électeurs, fait nommer des conseils généraux par des minorités, sans tenir aucun compte des majorités qui s'abstiennent, et il prétend prouver ainsi que la France marche au parlementarisme.

C'est une comédie assez bien jouée, il est vrai, mais qui ne peut durer.

Pour nous , M. Thiers avec sa presse, ses partisans et toute la force dont il croit disposer nous embarrasse si peu, que nous ne croyons pas faire acte de bravoure en lui déclarant la guerre. La restauration de l'empire est prochaine et certaine, et l'habile M. Thiers est évidemment appelé à être étonné encore une fois, dans sa vie déjà si accidentée.

Il lui reste sans doute bien des ressources . celles dont il a déjà usé avec tant de succès. Il peut empêcher le plébiscite, retarder les élections nouvelles, influer à l'aide du fonctionnarisme dont il dispose sur les votes des électeurs, leur présenter ses candidats d'une certaine manière destinée à faire illusion, et en dernier lieu, annuler par des manœuvres plus ou moins adroites la volonté réelle des majorités Mais cette fois le peuple sera sur ses gardes : en admettant même que l'on réussisse à éviter le plébiscite et que l'élection si vivement réclamée de la nouvelle chambre se fasse avant la restauration de l'Empire, le gouvernement parlementaire n'en sera pas moins malade.

Plus on va, et plus on reconnaît l'impossibilité de confier aux Bourbons les destinées de la patrie. Plus on va , et plus les ouvriers, les paysans et les bourgeois sentent la nécessité de rétablir l'empire, en l'imprégnant pour ainsi dire de l'idée et de la foi nouvelles. On le verra aux prochaines élections.

Il faut que dès maintenant, on s'y prépare et qu'on songe à porter les hommes qui sont le plus susceptibles, par leur influence et par leur notoriété, de frapper plus vigoureusement le système bâtard qu'on nous impose.

Les néo–impérialistes sauront dans cette circonstance se montrer pratiques et bien unis, et il est très-possible selon nous que la grande frayeur que paraît éprouver M. Thiers de voir M. Rouher passer en Corse soit une raison de plus pour les rallier autour de la candidature de M. Rouher.

M. Rouher, l'homme le plus capable que le second Empire ait eu à son service , esprit vaste et souple, accessible à toutes les

idées, versé dans toutes les profondeurs et dans toutes les subtilités de la politique, peut, en corrigeant son ancienne attitude
que l'habitude du pouvoir avait rendue trop réservée et trop
méthodique en matière d'économie sociale, devenir une des
grandes forces du nouveau mouvement. Il ne faut pas l'oublier.

Les difficultés les plus sérieuses que rencontrera l'Empire
seront, sans doute, celles créées par la situation politique exté-
rieure.

Mais quel gouvernement est plus capable que l'Empire de
les résoudre convenablement ? Quel gouvernement offre plus
de solidité, plus de garanties et par conséquent plus de moyens
d'entente ?

L'intérêt même de l'étranger, le disposera à faire à un tel
gouvernement, des concessions qu'il refuserait à un gouverne
ment, dont la situation provisoire et illégale est grosse de troubles et de démêlés inquiétants.

XI.

CONCLUSION.

Nous avons dévoilé franchement l'état de nos cœurs et mis
nos idées au grand jour de la publicité. Nous ne redoutons
point les appréciations diverses auxquelles notre conduite
pourra donner lieu , mais il est une accusation au devant de
laquelle nous devons aller nous-mêmes, parce qu'elle pourrait
en atteindre d'autres.

A ceux qui diraient que nous sommes des conspirateurs et
que nous pouvons devenir une cause de désordres en France ,
nous répondrons que nous savons trop quelle attitude convient
aux défenseurs des grands principes que nous proclamons, pour
nous abaisser jusque-là. Il n'y a pas et il ne peut pas y avoir
de ces agissements insensés que les parlementaires et les
républicains découvrent tous les jours dans leurs journaux et
qu'ils appellent des menées bonapartistes.

Le parti de l'Empire est le parti de la France.

L'avenir lui appartient , parce que l'Empire est le seul gouvernement possible en France, au point de vue philosophique , au point de vue politique et au point de vue économique.

Les amis de l'Empire n'ont point à conspirer, d'abord parce qu'il n'y a de véritables conspirateurs que ceux qui cherchent à éluder la volonté nationale, et ensuite, parce qu'ils sont sûrs du triomphe de leur cause , par l'action pacifique du suffrage universel.

Ils ont seulement le droit et le devoir de faire connaître, par tous les moyens en leur pouvoir, la vérité stricte aux populations qu'on cherche à tromper.

Pour nous, qui apportons résolument notre humble pierre à l'édifice, nous sommes moins que personne disposés à susciter en France des agitations nouvelles.

Nous l'avons dit et nous le répétons , c'est la conciliation et la concorde que nous voulons pour la France, parce que c'est la paix sociale , c'est le calme des cœurs dont elle a besoin avant tout, pour s'interroger elle-même et se prononcer en pleine connaissance de cause.

Nous agissons librement et indépendamment de toute influence, mus par le désir de hâter la fin de la crise dont souffre encore notre chère patrie.

Heureux, si par nos déclarations sincères, par notre exemple et par l'influence que nous avons , nous pouvons contribuer à éclairer sur le but qu'ils doivent se proposer d'atteindre , tous ceux qui veulent réellement arracher la France à ses angoisses et à l'action perturbatrice des factions.

Tous nous avons bien souffert et bien réfléchi.

Que ces dures leçons nous soient profitables, et nous aurons puisé dans nos malheurs même, la force et l'intelligence nécessaires pour en détruire à jamais les causes, quelque nombreuses et quelque puissantes qu'elles soient.

Janvier 1872.